杨大春　张尧均　主编

梅洛-庞蒂文集

第 11 卷

1948年谈话录
儿童与他人的关系

郑天喆　译

商务印书馆

Merleau-Ponty

Causeries 1948
Les relations avec autrui chez l'enfant
Causeries 1948 根据 Seuil 出版社 2002 年版译出
Les relations avec autrui chez l'enfant 根据 Verdier 出版社 1997 年版译出

国家社会科学基金重大项目成果

总　　序

　　梅洛-庞蒂被称为"哲学家的哲学家"。他非常自然地接受了法国哲学主流传统,其哲学内在地包含了笛卡尔主义和反笛卡尔主义之间、观念主义与精神主义之间的张力;与此同时,他创造性地接受了现代德语哲学传统的影响,含混地将3H(黑格尔、胡塞尔和海德格尔)和3M(马克思、尼采和弗洛伊德三位怀疑大师)的思想综合在一起。这一哲学其实处于现代哲学与当代哲学转折点上,并因此在西方哲学的主流传统中占据着一个非常独特的位置。梅洛-庞蒂对以笛卡尔哲学和康德哲学为代表的早期现代哲学的批判反思、对以身体哲学或实存哲学为核心的后期现代哲学的理论贡献以及对以结构-后结构主义为理论支撑的当代哲学的重大启示,已经毫无争议地把他推入著名哲学家之列。

　　梅洛-庞蒂哲学在汉语学术界的翻译和研究起步比较晚,尽管在新千年以来取得了较大的进展,新生的研究力量也在不断壮大,但从总体上看仍然难以让人满意。笔者于2014初提出的《梅洛-庞蒂著作集编译与研究》选题有幸获得国家社会科学基金重大招标项目资助,这里陆续出版的梅洛-庞蒂主要著作就是该重大项目在翻译方面的成果。收入本文集的译作既包括新译,也包括重译和修订。我们希望通过各种努力,为梅洛-庞蒂哲学以及法国哲学的深入研究提供相对可靠的文献。需要说明的是,由于梅洛-庞蒂著作在风格上的含混性，由于一些作品是在他死后经他人整理而成的，翻译难度是非常大的，我们欢迎相关专家和广大读者提出建设性和批评性的意见和建议。此外，由于这些译作是由10多位学者完成的，虽然课题组进行了一些沟通和协调，风格和术语选择上仍然不可能实现一致，这是需要学界和读者们谅解的。

德国学术界在胡塞尔著作、海德格尔著作的整理和出版方面有序推进，成果显著。法国学术界对梅洛-庞蒂著作的整理和出版也取得了相当大的进展，但还没有形成统一规划，至少没有出版全集之类计划。因此，我们在推出《梅洛-庞蒂文集》中文版时不可能参照统一的法文版。《文集》中文版将陆续出版梅洛-庞蒂生前已经出版或死后经整理出版的著述18种，它们基本上反映了这位著名哲学家的思想全貌。梅洛-庞蒂于1961年突然英年早逝，留下了多达4000多页的手稿，它们大多是为他自己的研究和教学工作而作的准备，不是为读者写的，所以整理出版的难度非常大，从而进展缓慢。正因为如此，《文集》始终保持开放，在前述计划之外，未来将视情况翻译出版一些新整理出版的作品。

杨大春

2017年11月11日

目　录

1948 年谈话录

第一章　被知觉世界与科学世界…………………… 3
第二章　探索被知觉世界：空间……………………… 7
第三章　探索被知觉世界：感觉事物………………… 12
第四章　探索被知觉世界：动物性…………………… 17
第五章　从外部看到的人……………………………… 24
第六章　艺术与被知觉世界…………………………… 30
第七章　古典世界与现代世界………………………… 36

文献………………………………………………………… 41
译后记……………………………………………………… 45

儿童与他人的关系

导论………………………………………………………… 51
Ⅰ　理论问题……………………………………………… 72
Ⅱ　建立一种身体图式并开启对他人的知觉：从零岁到
　　6 个月的儿童………………………………………… 82

Ⅲ 6月龄之后:对自己身体的意识和镜子影像 ………… 89
Ⅳ "3岁危机" ………………………………………… 123

术语表 ……………………………………………… 129
译后记 ……………………………………………… 130

1948 年谈话录

第一章 被知觉世界与科学世界

知觉世界,由感官和生命阅历揭示给我们的世界,乍看起来似乎再熟悉不过,因为不需要工具或计算就可以通达,因为表面上看我们只要睁开双眼放任自由就可以交融其中。然而这只是一种假象。我将在这些谈话中展示,只要我们停留于实用或功利的态度,这个世界就在很大程度上被忽略了,我们需要很多时间、努力和耕耘来揭示它,而现代艺术和思想(50年或70年以来的艺术和思想)的功绩之一正是使我们重新发现这个我们生活于其中、却总恨不得忘记的世界。

法国的情况尤其如此。我们承认科学及科学知识的价值,一股脑儿贬低了关于世界的全部实际经验,这不仅是法国哲学的特征,也是我们语焉不详地称为法国精神的特征。如果我想知道什么是光,我该去问的难道不是物理学家?难道不是他告诉我,光究竟如人们一度认为的那样是一种炽热弹的爆炸,是一种以太的振动,还是如新近理论认为的那样,是一种类似电磁振荡的现象?既然我们知觉所获得的色彩、光泽及其背后的事物显而易见只是表象,既然只有学者的系统知识、测量和实验才能使我们摆脱感官产生的幻象、接近事物的真实本性,那么诉诸感官、耽于这些表象有什么用呢?知识的进展恰恰在于忘记感官所告诉我们的,我们天真地依赖它们,可是即使不算生理科学已经考虑到的人类组织特殊性,比如对近视或老花错觉的解释,它们在世界的真实图景中也毫无地位。真实的世界不是眼睛所给予我的光线、色彩和形体,而是科学所告诉我的、它在感觉幻象背后发现的波和粒子。

笛卡尔甚至说过,只要对感觉事物进行审查,无需求助学者的研究成果就能发现感官的欺骗并学会只信任理智[①]。我说我看见一块蜡。但是确切地说这块蜡是什么呢?当然不是发白的颜色,不是它可能还保留的花香味,不是我手指触到的柔软,不是掉在地上发出的闷响。所有这些都不是这块蜡的构成成分,因为它可以失去全部这些属性而不停止其存在,例如如果我熔化它,它变形为无色液体,不再有宜人的气味,也不再抵抗我的手指。然而我说的同一块蜡还在那里。那么这应该如何理解呢?经历了状态的改变而保留下来的东西,仅仅是一个没有性质的物质碎片,勉强是一种占据空间、接受不同形式的能力,但其所占据的空间和接受的形式都是不确定的。这就是蜡的实在和永恒的核心。然而蜡的实在性显然不为单纯的感官所揭示,因为感官提供的是具有确定大小和形式的对象。真实的蜡并不是被眼睛看到的。我们只能通过理智来构想它。如果我相信用双眼看到了蜡,也只不过是通过感官所揭示的属性来思考作为诸属性共同源泉的蜡,而蜡本身赤裸不具属性。因此,知觉只是尚处于混乱的科学的开端——这种观念对

---

① 笛卡尔:《形而上学沉思集》,"第二沉思",选自 A. T. 版《笛卡尔全集》,第 9 卷,巴黎,Cerf 出版社,1904 年,再版于巴黎,Vrin 出版社,1996 年,第 23 页及以下;选自《笛卡尔著作及书信集》,巴黎,Gallimard 出版社,七星丛书,1937 年,再版于 1953 年,第 279 页及以下。

笛卡尔如此，在法国的哲学传统中也长期处于至高无上的地位：知觉与科学的关系是表象与实在的关系，我们的尊严在于信赖理智，只有它会为我们揭示世界的真理。

我刚才说过，现代思想和艺术恢复了知觉和知觉世界，这当然不是说它们否定科学要么作为技术发展的工具、要么作为精确性和真理性学说的价值。科学曾经是并且至今仍是去证实、仔细研究、批判自身及固有偏见所必须求助的。在科学尚未存在的时代我们就已经对它寄以厚望，这是好的。但现代思想对科学提出的问题，不是质疑其存在，或是为其限定任何领域，而是要知道科学是否提供或将要提供一种关于世界的完整的、自足的、某种意义上封闭于自身的表象，以至于在此之外我们不再有任何值得提问的问题。问题不是否定或限制科学，而是要知道，在那些进行测量和比较、根据诸如经典物理之类的定律联结条件和结果并做出结论的科学研究之外，科学是否有权否定和排除所有其它研究并将之斥为幻象。这个问题不仅不是对科学表示敌意，而且就连科学自身，在新近的发展中也促使我们提出这个问题并邀请我们做出否定的回答。

这是因为，自从19世纪末以来，科学家们不再习惯地把定律和理论当作大自然所发生之事的精确图像，而是把它们当作总是比自然事件更简单、并注定在更细致的研究中得到修正的图式，即把它们当作近似的知识。科学把经验提供的事实提交分析，我们无法期待这种分析的终止，因为观察无止境，可以想象它总是比某个特定时刻更为完善或精确。具体事物、感觉事物给科学指派的任务是不停地去解释，因此人们不可能按照古典的方式把它当作一种注定为科学理智所超越的简单表象。知觉事实和更一般意义上的世界历史事件不可能由一些构成宇宙永恒图景的定律推演出来;相反,定律是物理事件的近似表达,并使其继续晦暗不明。今天的科学家不再像古典时期的科学家那样幻想通向事物的核心和对象本身,在这一点上,相对论物理学指出每个观察活动与观察者的立场和处境紧密相联不可分割,拒斥绝对观察者的观念,断定绝对终极对象性是南柯一梦。我们在科学中无法自鸣得意,以为可以借助纯粹而无所在的理智的练习来达到一种不受任何人类痕迹所污染的对象,就像上帝所见的对象那样。这并不是要剥夺科学研究的必要性,而只是反对一种自以为能通达绝对和知晓一切的科学的独断论。这只是为所有人类经验因素平反,尤其是为我们的感知活动平反。

在科学和科学哲学如此为知觉世界的探索敞开大门时,绘画、诗歌与哲学坚决地进入了这个它们曾如此熟悉的领域,给予我们事物、空间、动物,甚至是从外部看到的人,使得我们的知觉场中出现了一种全新的具有时代特征的视角。在接下来的谈话中,我将介绍一些相关研究成果。

第二章　探索被知觉世界：空间

我们常注意到，现代思想和艺术令人费解：比起普桑或夏尔丹来，毕加索更难以令人理解和喜爱，比起马里沃或司汤达来，纪罗杜或马尔罗更难以令人理解和喜爱。因此人们有时会得出结论（正如邦达先生在《拜占庭式的法国》[1]中表述的那样），现代作家是一些拜占庭人，是令人费解的，只因为他们没什么可说的，只是用微妙来代替艺术而已。没有什么比这个判断更盲目了。现代思想之所以令人费解，与常识背道而驰，因为它关心真理，老实说，经验使它无法再固守常识为了安心而执着的那些清晰或简单的观念。

今天我想从现代思想以经验名义对最简单概念的模糊、对经典概念的修正中找一个所有观念中首先显得最为清晰的观念例子：空间观念。古典科学建立在空间和物理世界的清晰区分上。空间是同质的环境，物体按照三维分布其中，即使处所改变也保持同一性。诚然有些情况下，如果移动一个对象，我们会看见它的性质改变，例如，如果我们将它由两极运到赤道，它的重量会改变，又

---

[1] 于连·邦达：《拜占庭式的法国或纯粹文学的凯旋，马拉美、纪德、瓦莱里、阿兰、纪罗杜、苏亚雷斯、超现实主义者，关于文学家原初心理学的随笔》，巴黎，Gallimard 出版社，1945年；再版，巴黎，UGE出版社，10/18丛书，1970年。

或者如果温度增加,固体会发生形变。然而公正地说这些性质改变并不能归因于位移本身,空间在两极和赤道都是一样的,是此处与彼处的物理条件温度有所不同,几何学领域严格区别于物理学领域,世界的形式与内容并不相互混淆。若非是要遵循可变的物理条件,对象的几何性质在位移中将会保持一致。这就是古典科学的预设。随着所谓非欧几里德几何学兴起,一切都改变了,人们终于认识到空间固有的弯曲:物体由于位移而发生变化,空间各部分及其维度是异质性的——它们不再能够彼此替换,而且影响到在其中位移的物体发生变化。在我们的世界中,保持同一的部分和变化的部分不再泾渭分明、遵从不同原理。对象不能与自身保持绝对的同一,其形式和内容是混乱杂合的,这个世界不再提供欧几里德同质空间的硬框架。不再可能严格区分空间与空间中的事物,区分空间的纯粹观念与我们感官所给予的具体图景。

　　现代绘画的探索与科学探索惊人地一致。古典教育区分了线条和色彩:我们勾勒出对象的空间框架,然后填上色彩。塞尚的观点正好相反,他说:"随着色彩涂抹,我们勾勒出线条"[1]——意思是,无论在知觉世界,或是在对知觉世界做出表达的绘画上,对象的轮廓形状与色彩的中断或改变、与色调的变化并没有严格的区别,色彩变化包含一切:对象的形状、固有色彩、样貌、与邻近对象的关系。塞尚想借助色彩的布局,像大自然在我们眼前所做的那样来生成对象的轮廓和形状。因此,他以无限的耐心研究苹果的

---

[1] 埃米尔·贝尔纳:《回忆保罗·塞尚》,巴黎,À la rénovation esthétique 出版社,1921 年,第 39 页;若阿基姆·加斯凯在《塞尚》中重新引用,巴黎,Bernheim-Jeune 出版社,1926 年;再版,格勒诺布尔,Cynara 出版社,1988 年,第 204 页。

色彩质地,他所画的苹果最终变得膨胀,绽出审慎的线条所规定的边界。

在这种重新寻回世界、以便我们能在被经历的经验中把握它的努力下,古典艺术的所有谨慎烟消云散。古典绘画教育建立在透视法的基础上,也就是说,画家面对一幅风景,决定只将他所见之物的习惯表象移到画布上。他看身旁的树,然后注视更远处的马路,最终望向地平线,根据关注点变化,其它对象的外观大小每次都在改变。他在画布上妥善安排,也只是体现出这些不同视角之间的折衷,他努力寻找所有这些知觉的共同点,不是把画家注视对象时对象所呈现的大小、色彩和外观,而是把一种习惯的大小和外观赋予每个对象;它们呈现给注视地平线上某个没影点的目光——所有风景线从此由画家的位置奔向地平线,向这个没影点汇聚。如此画出的风景由于为一种凝视无限的目光所统摄,因而具有平静、得体、毕恭毕敬的外观。风景在远处,观看者并没有被包含于其中,风景是彬彬有礼的,目光流畅自如地滑到一处风景上,没有任何粗糙不平的东西阻止它至高无上的流畅自如。然而,世界并非如此地在我们与它的知觉接触中呈现给我们。我们的目光进行观看之旅的每个时刻,都各服从一个特定视角,对于风景的一个特定部分而言,这些连续的瞬间都是不可重叠的。画家只有打断这种自然的视觉模式,才能对这些视角系列进行统摄,从中提取出唯一的永恒的风景:他往往闭起一只眼,用铅笔度量一处细节的外观大小,以这种方式进行修正,使那些瞬间的视角服从分析的视角,以此在画布上建构起一种风景表象,它不符合任何自由视角,控制了它们动荡起伏的铺展,压抑了它们的颤动和生命。如果说自塞尚以来的很多画家都拒绝服从几何透视法,那是因为他们想重新把握和恢复我们眼前风景的诞生本身,因为他们不满足一种分析的记录,希望重返知觉经验的风格本身。因而他们画面的不同部分是从不同视角看到的,给漫不经心的观看者以"透视错误"的印象,然而专注的观看者则获得了这样一种对世界的感觉:从来没有两个对象同时被看到,空间的部分之间总是介入了必要的延迟,以便我们的目光能从一个地方转向另一个地方,因而存在不是给定的,而是通过时间显现和流露出来的。

因此空间不再是一个与所有物体都等距离的、无视角、无身体、无空间处境的——一言以蔽之,纯粹理智的——绝对观察者所能够统摄的那些同时性物体的场所;让·波杨最近说道:现代绘画的空间是我们自己也置身其中的"用心感受的空间"[1],它接近我们,与我们有机地相连。波杨还说道:"在投身于技术手段并为数量所吞噬的时代里,立体主义画家可能以他的方式,在一个关注我们的心灵、而不是理智的空间里,庆祝世界与人类的某种隐秘联姻与和解。"[2]

继科学和绘画之后,哲学,尤其是心理学似乎也觉察到我们与空间的关系不再是脱离肉体的纯粹主体与遥远对象的关系,而是居住在空间中的人与其熟悉环境的关系。例如,马勒伯朗士所研究的著名视错觉现象:月亮刚升起还处于地平线时与到达天顶时

---

[1] "现代绘画或用心感受的空间",载《圆桌》,1948年2月第2期,第280页;"用心感受的空间",这个表达在这篇文章为了发表在《立体主义绘画》上而修改后的版本中被重新引用,1953年,巴黎,Gallimard出版社,"Folio essais"丛书,1990年,第174页。

[2] 《圆桌》,同上,第280页。

相比要大很多。① 马勒伯朗士猜想是人类知觉根据某种推理高估了星体的大小：如果我们通过一个纸筒或火柴盒来看它，错觉就会消失。因为当月亮升起时，它越过田野、围墙、树木呈现给我们，大量物体介于我们和月亮之间，使我们感觉到与它的遥远距离，于是我们得出结论，在如此遥远的情况下，为了保持它的视大小，它应该是非常大的。在这里，进行知觉的主体好比进行判断、评估和总结的学者，所知觉到的大小实际上是通过判断得到的。今天的大部分心理学家不是这么理解地平线的月亮错觉。他们通过系统的实验发现，水平面上视大小显著的恒常性是我们知觉场的一个普遍属性，相反，垂直面上视大小随着距离增加而迅速减小，这也许因为水平面对于我们这些地球上的存在者而言是生命的位移所发生的平面，是我们活动上演的地方。因此，马勒伯朗士用纯粹理智活动去解释的，心理学家将之归于我们知觉场的自然属性，归于我们这样具有肉体、不得不在地球上运动的存在者。在心理学和几何学中，整个地被提供给无身体的理智的同质空间的概念，被具有优先方向性的、与我们身体的特殊性和被抛于世间的处境性相关的异质空间概念代替了。这里我们第一次碰到了这样的观念：人不是心灵和身体，而是具有身体的心灵，这种心灵之所以能通达事物的真理，只是因为它的身体处于事物之间。下一次谈话将展示，不仅空间如此，而且在一般意义上，整个外部存在只有通过身体才为我们所通达，它具有人的属性，从而也是心灵和身体的混合。

---

① 马勒伯朗士：《真理研究》，第 1 卷第 7 章第 5 节，G. Lewis 编，巴黎，Vrin 出版社，1945 年，第 1 卷，第 39 - 40 页；引自《全集》，巴黎，Gallimard 出版社，七星丛书，1979 年，第 1 卷，第 70 - 71 页。

第三章 探索被知觉世界:感觉事物

25　　对空间进行考察之后,我们思考空间里的事物本身,心理学经典教材会告诉我们,事物是提供给不同感官的、由理智综合活动所联结的性质的系统。例如,柠檬是两端突出的椭圆体,加上黄的颜色、新鲜的触感、酸的味道……然而,这种分析并不令人满意,因为我们不知道是什么把这些性质或属性彼此联结、使柠檬具有一个存在者的统一性——它的全部性质都只是这个统一存在者的不同表现。

　　只要我们把事物的不同性质(例如颜色、味道)当作分属视觉、嗅觉、触觉等截然不同的世界的材料,事物的统一性就始终是神秘莫测的。然而现代心理学在这一点上根据歌德的指示发现:各种
26 感官性质绝非完全孤立,而是具有某种情感意义,与其它感官的性质相呼应。例如,曾为寓所选过壁毯的人知道,每种颜色都散发着一种情绪氛围,使人忧伤或欢乐,沮丧或振作;声音或触觉材料也是如此,可以说每种颜色都相当于一种声音或温度。这就是为什么当我们描述颜色的时候,有些盲人会将之类比为声音。因此,只要我们将性质重新放回到赋予其某种情感意义的人类经验中,它与其它截然不同的性质的关系就变得可以理解了。在我们经验中甚至有许多性质,除去对我们身体所激发的反应,几乎没有任何意

义。比如说蜂蜜。蜂蜜是流淌缓慢的液体,有些浓稠,任凭你握住,又偷偷从指间溜走,回到它自己中。它不仅在我们捏塑它时立刻散开,还掉转角色,反过来握住想抓它的手。手活生生的,探索着,相信自己能统治对象,却发现被它吸住,被这个外来存在粘捕。萨特写道:"一方面是,即便不再被要求也仍然极度顺从的被统治者、忠心耿耿的忠犬,另一方面是,在这种顺从下被统治者隐秘地占有了统治者。"[①]像蜂蜜这样的性质——正是它使得能对人的行为进行象征化——只能通过它在肉身主体的自我和承载这种性质的外部对象之间建立的讨论而得到理解;对于这种性质,只有一种人性的定义。

这样来看,每种性质都向其它感官的性质敞开。蜂蜜是甜的。然而甜味——"去不掉的甜味,没完没了地保留在嘴里并在下咽之后还残留着"[②]——在味觉领域的黏性与蜂蜜在触觉领域中的黏性是一样的。说蜂蜜是黏的和说蜂蜜是甜的,这是谈论同一事物的两种方式,即事物与我们的某种关系,它建议或强加于我们的某种行为,它引诱、吸引、蛊惑与它相对峙的自由主体的某种方式。蜂蜜是世界朝向我的身体和我自己的某种行为。这使得蜂蜜所拥有的那些截然不同的性质在它那里不是简单并列,而是同一的,因为它们同样显示出蜂蜜的存在方式或行为方式。事物的统一性不是在每种性质背后,而是在每种性质那里一再得到肯定,每种性质

[①] 让-保尔·萨特:《存在和虚无》,巴黎,Gallimard 出版社,1943 年;再版,"如此"丛书,1976 年,第 671 页。

[②] 同上。

都是整个事物。塞尚说过,我们应该能够画出树木的气味。① 同样,萨特在《存在与虚无》中写道,每种性质都是对象的"存在启示者"②。他接下来说,"柠檬(的黄色)渗透了它的各种性质,它的每种性质渗透了其它性质。柠檬的酸味是黄色的,柠檬的黄色是酸的;我们吃进蛋糕的颜色,蛋糕的味道是向所谓饮食直觉揭示它形状和颜色的工具……泳池水的流动性、微温的温度、发蓝的颜色、起伏的动态这些性质是相互渗透一下子被给予的……"③

事物在我们面前并不是思考的简单中性对象;每个事物对我们来说都象征着某种行为,提醒我们这种行为,激起我们趋利避害的反应,这就是为什么一个人的品位、性格、对待世界和外部存在的态度在对象中相互联结——是他选择了这些对象在身边,有着他偏好的颜色,处在他的散步区域。克洛岱尔说,中国人用石头建造花园,花园里干涸光秃。④ 这种周围环境的矿化情况可以被理解为拒绝富有生命力的潮湿而宁可死亡。同样,萦绕我们梦境的对象也是有意义的。我们与事物的关系并不疏远,每个事物都对着我们的身体和生命说话,它们被赋予了人类的性格(顺从的,温

---

① 若阿基姆·加斯凯:《塞尚》,巴黎,Bernheim-Jeune 出版社,1926 年;再版,格勒诺布尔,Cynara 出版社,1988 年,第 133 页。
② 《存在和虚无》,"如此"丛书,第 665 页。
③ 同上,第 227 页。
④ 保尔·克洛岱尔:《认识东方》(1895—1900),巴黎,Mercure de France 出版社,1907 年;1960 年再版,第 63 页:"正如一幅风景不是由草木和叶子颜色构成,而在于线条和地面起伏的和谐,中国人也严格地建造他们的花园,用的是石头。他们不是在绘画,而是在雕塑。石头可以根据不同的层次和角度抬升,具有深度、轮廓和凹凸,在他们看来比植物更加驯服和干净,只剩下装饰和点缀的自然作用,创造出人类风光。"

柔的,敌意的,反叛的),反过来,这些事物作为我们所喜好或嫌恶的行为的象征而活在我们中。人被投到事物中,事物被投到人中。精神分析学家会说,事物是情结。这就是为什么塞尚说绘画制造了事物的某种"光晕"。①

我想援引当代诗人弗朗西斯·庞吉为例。萨特在对他的研究中写道:事物"长年居住在他里面,在他里面住满了,潜伏在他记忆深处,呈现在他里面……;他当下的努力更多的是为了捕捞深处这些攒动和繁荣兴盛的怪物,为了描述它们,为了在仔细观察后确定它们的性质。"②例如,水和所有其它元素的本质不在于可观察的性质,而在于它们对我们所说的话。庞吉是这样说水的:"它白而闪耀,不定形而清凉,消极而固守它仅有的癖好:重力;它有满足这种癖好的特殊方法:包围,穿透,侵蚀,渗漏。

在它自身内部,这种癖好也起了作用:它不断坍塌,时刻泯灭形状,只想服从,仰瘫在地上,几乎像尸体一样,像某些修会的僧侣……

我们几乎可以说水是疯狂的,因为它只服从重力这种像成见一样占据着它的歇斯底里的需要……

液体从定义上就喜欢服从重力,不保持形状,拒绝任何形状以便服从重力,由于这种成见,加上病态的严格,就什么也保持不了……

水的不安:对斜度的最小变化都很敏感;并腿跃下台阶;稚气而又顺从的玩童,我们才一放低斜面这头,它就立刻应召回来。"③

---

① 若阿基姆·加斯凯:《塞尚》,同前所引,第 205 页。
② 让-保尔·萨特:《人与物》,巴黎,Seghers 出版社,1947 年,第 10–11 页;重录于《境况 I》,巴黎,Gallimard 出版社,1948 年,第 227 页。
③ 弗朗西斯·庞吉:《物的选择》,巴黎,Gallimard 出版社,1942 年;再版于"诗歌"丛书,1967 年,第 61–63 页。

加斯东·巴什拉在系列著作中对所有元素都进行了这样的分析，挨个地讨论了气①、水②、火③和土④，指出每种元素都是某类人的故乡，他梦境的主题，为生活指引方向的想象力偏好环境，使他获得力量和幸福的自然圣事。所有这些研究都属于超现实主义的尝试，这种尝试三十年前就已经在我们周遭的对象中，尤其在我们有时强烈地癖好的失物中寻求"欲望的催化剂"，这"欲望的催化剂"正如安德烈·布雷东⑤所说的——是人类欲望显现出来或"形成结晶"的地方。

有一种较为普遍的倾向，承认人与事物之间不再是笛卡尔著名分析中至上的心灵与蜡块之间的疏远和统治的关系，而是一种不那么清晰的关系，一种眩晕的近似性，使我们无法把自己当作事物之外的纯粹心灵或把事物定义为没有人类属性的纯粹对象。到谈话录的最后，这个观点将有助于向我们展现出人在世界中的处境。

---

① 加斯东·巴什拉：《空气与遐想》，巴黎，José Corti 出版社，1943 年。
② 《水与梦》，巴黎，José Corti 出版社，1942 年。
③ 《火的精神分析》，巴黎，Gallimard 出版社，1938 年。
④ 《土与意愿的遐想》，巴黎，José Corti 出版社，1948 年；《土与静止的遐想》，巴黎，José Corti 出版社，1948 年。
⑤ 也许这里是指《疯狂的爱》，巴黎，Gallimard 出版社，1937 年；再版，1975 年。

第四章　探索被知觉世界：动物性

　　我们在前三次谈话中,从古典科学、绘画和哲学到现代科学、绘画和哲学,见证了知觉世界的觉醒。我们曾离开这个世界,确信感官不能教给我们有价值的东西,唯有关于对象的严格知识才值得保留。现在重新学会了看这个周遭世界,重新关注所处的空间,这个空间只能从一个有限视角即我们的视角被看到,并且还是我们的居所,我们保持与它的身体化关系,——在每个事物中我们都重新发现了一种使事物成为人类行为镜像的存在风格——最终在我们与事物之间建立起来的不再是具有统治性的思想与在它面前展开的对象或空间的纯粹关系,而是拥有身体的有限存在与谜一样世界之间的模糊关系,这个存在隐约看见世界,甚至不停出没于其中,不过这总是通过一些既向他揭示这个世界、也向他遮蔽这个世界的视角来进行的,总是通过所有事物在人的目光下具有的人性面貌来进行的。[①]

[①]　这一谈话的开头在录音时被省略了。梅洛-庞蒂是这样开始的:"我们在前几次谈话中说过,当我们随着现代思想回到知觉世界,我们看到,在人与物之间、具有统治性的思想与在它面前展开的对象或空间的纯粹关系消失了。我们看到,拥有身体的有限存在与谜一样的世界之间的模糊关系出现了,这个存在隐约看见世界,甚至不停出没于其中,不过这总是通过一些既向他揭示这个世界、也向他遮蔽这个世界的视角来进行的,总是通过所有事物在人的目光下具有的人性面貌来进行的。"

然而,在这样转化后的世界中我们并不是绝无仅有的,这个世界甚至不仅向人类敞开,而且也向动物、儿童、原始人及疯子敞开,他们以自己的方式生活在世上,也与世界共存。我们今天将看到,通过重新寻回知觉世界,我们变得能够在生命或意识的这些极端或异常形式中发现更多的意义和趣味,以至于最终是世界和人本身的整体景象接受了一种新的意义。

众所周知,古典思想并不重视动物、儿童、原始人或疯子。我们还记得笛卡尔把动物看作只是一堆齿轮、手柄和发条①,乃至只是一部机器;动物即使不是机器,在古典思想那里它也只是半成品的人,许多昆虫学家在研究对象上投射人类生命的基本特征。由于同样的偏见,对儿童和病人的认识长期停留在初级阶段止步不前:医生或实验者向他们提出的问题是人的问题,我们不是试图理解他们如何生活,而是衡量他们与表现正常的成人或健康人之间的距离。至于原始人,我们或者在他们那里寻求被文明人美化后的图像,或者相反,像伏尔泰的《风俗论》那样②,只是在他们的服饰和信仰中发现一套不可解释的奇谈怪论。这样古典思想似乎处于一种困境中:要么我们与之打交道的存在者类似一个人,可以通过类比赋予它一些通常能在健康的成人那里发现的特征;要么它只不过是一种盲目的机制,活生生的混乱,无法发现其行为的意义。

---

① 《方法谈》,第五部分,A. T. 版全集,巴黎,Cerf 出版社,1902 年;再版,1996 年,巴黎,Vrin 出版社,第 6 卷,第 57 - 58 页;《笛卡尔著作及书信集》,巴黎,Gallimard 出版社,七星丛书,1937 年,再版 1953 年,第 164 页。

② 《论各民族的精神与风俗以及自查理曼至我们时代的历史》(1753,ed. augm. 1761 - 1763)。

第四章　探索被知觉世界：动物性　19

为什么这么多古典思想家对动物、儿童、疯子和原始人漠不关心？因为他们相信有一种完美的人，他注定是笛卡尔①所说的自然的"主人和占有者"，原则上能够穿透事物的存在，构建一种最高知识，解释包括物理自然现象、人类历史和社会现象在内的所有现象，分析它们的原因，最终在使儿童、原始人、疯子和动物远离真理的身体的某种偶性中发现他们的非正常性。古典思想有一种神权理性，要么把人的理性当作创世论理性的反映，要么即便在取消所有神学之后也往往假设人类理性与事物存在原则上是符合的。这种观点认为，所谓不正常的人只具有满足心理学好奇心的价值，只在"正常"心理学和社会学的角落被降尊纡贵地给了一个位置。

然而正是这种断言或不如说是独断受到了更成熟的科学和反思的质疑。诚然，儿童、原始人、病人的世界，或在更强意义下——动物的世界，都不能像我们通过行为重构世界那样构建出连贯一致的系统，相反，健康文明的成年人的世界则是努力达到连贯一致的。然而关键是他不能拥有这种连贯一致，连贯一致性停留为他事实上永远无法达到的观念或限制，因此"正常人"不能封闭于自身，而是应当去关注理解不正常人，他难免会有不正常的时候。这要求他不能志得意满，要进行自我审查，在自身中不断重新发现各种错觉、梦幻、不可思议的行为、模糊的现象，这些东西在他的私人生活和公共生活中、在他与其他人的关系中肆意妄为，甚至在他对

---

① 《方法谈》，第六部分，A.T.版全集，同上，第6卷，第62页，1.7-8；《笛卡尔著作及书信集》，同上，第168页。

自然的认识中留下各种缝隙,使诗性得以渗透进来。正常的、文明的、成年人的思想比儿童的、病态的或野蛮的思想更有价值,但条件是这种思想不自命为神权思想,而总是更加诚实地与人类生命中的模糊和困难较量,不失去与这种生命的非理性根基的接触,最终理性认识到它的世界也是未完成的,不假装已经超越那些它仅仅遮蔽掉的东西,不把一种文明和认识当作不容置疑的,因为它最高的功能反而是进行质疑。

38　　现代艺术和思想正是以这种精神、带着新的兴趣重新思考这些离我们最远的存在形式,因为这些形式揭示了这样一种运动:所有生命及我们自身都在努力塑造一种并非为我们的认知和行动而生的世界。古典理性主义没有在物质和理智之间留有余地,认为有生命的存在者若非是有理智的,就是简单的机器,认为生命概念本身属于含混的观念,今天的心理学家反过来向我们展示了一种生命知觉,试图描述出其样态。去年卢汶大学的米绍特在关于运动知觉[①]的一项有趣工作中展示了屏幕上的光线位移不容置疑地给予我们一种生命活动的印象。例如,两条竖直平行的线互相远离,然后当第一条线继续运动,而第二条线反向运动并相对于第一条线回到了起点位置,我们无法抗拒地产生了一种感觉,好像看到了一种爬行运动,尽管我们眼前的图形一点也不像毛虫,也不可能
39　激发任何相关回忆。这里是运动的结构本身让人觉得像"生命的"运动。我们观察到的线条位移在每一瞬间都像整体行动的一个环节,借助这种行动,某种存在者——我们在屏幕上看到了它的幽

---

① 阿尔伯特·米绍特:《因果性的知觉》,卢汶,心理学高等研究所,1947年。

灵——实现了它的空间交通。观察者相信在"爬行"中看到了一种潜在的物质,一种虚构的原生质从"身体"中心流淌到它在自己面前伸出的可动延伸部分。因此,无论机械论生物学可能说什么,我们所生活着的世界无论如何也不仅仅由事物和空间构成,某些我们称为生命体的物质碎片在其周围、用其动作或行为描画出一种属于它们自身的事物面貌,只有当我们接受动物性的景观、与动物性共存、而不是轻率地拒绝承认其各种内在性,这种事物面貌才会向我们显现出来。

在一些20年前的老实验中,德国心理学家科勒尝试描述黑猩猩世界的结构[①]。他恰恰使人注意到,动物生命的独特之处不是人们向它提出一些不属于它自身的问题——正如许多经典实验所做的那样——就能显现的。当有待狗去解决的问题是开锁或搬弄一个手柄,它的行为也许显得荒谬和机械。这并不意味着动物在其自发的生命中、面对生命提出的问题时不是根据某种朴素的身体法则对待周围环境;不意味着动物不会把握并利用某些关联以达到某些结果;也不意味着动物不会以物种特有的方式处理环境的影响。

正因为动物是世界"构型"的中心,因为动物有行为,因为动物在不确定和不能够进行习得积累的行为摸索中充分表现了当一个存在被抛于不得其解的世界中所做出的努力,因为也许这个存在令我们想起自己的失败和局限,所以动物生命在原始人和我们隐匿生命的梦幻中发挥了巨大的作用。弗洛伊德指出,原始人的动

---

① 沃夫冈·科勒:《高等猴子的理智》,巴黎,Alcan出版社,1927年。

物神话在每一代、每一个幼儿那里得到再现,孩子看见自己,看见父母及自己与父母的争吵——以动物的身份,以至于在小汉斯的梦中①,马变成了如同原始人的神兽一样不吉和不容置疑的力量。巴什拉在关于作家洛特雷阿蒙②的研究中指出,在247页的《马尔多罗之歌》中我们发现185种动物的名称。即使是克洛岱尔这样的诗人——作为基督徒他可能低估了所有非人的东西——也在《约伯记》中找到灵感,要我们"询问动物"③。

他写道,"有幅日本版画描述了一群盲人围绕着一只大象。这个代表团,被委派来凭我们人类的能力搞清楚这个巨大的外来者是什么。第一个人抱着大象的腿说:'这是一棵树。''是的,'第二个人说,他发现了大象的耳朵,'还有叶子呢。''根本不是,'第三个人摸到大象的侧面,'这是一堵墙!''是根绳子,'第四个人抓着尾巴喊道。'是根管子,'第五个人反驳道,他摸到了长鼻……

这样,圣母,圣教堂,在这只神兽那里拥有了质量、步态和温厚的性情,更不用说它口中伸出的纯象牙的双防御。我看见,四只象腿立于水中,宛若直从天降。象鼻汲水为整个巨大身躯丰盛地洗礼!"④

---

① 西格蒙德·弗洛伊德:《精神分析五论》,"五岁小男孩的恐惧症分析",法译者 M. 波拿巴特,《法国精神分析杂志》,第2卷,第3分册,1928年;再版,巴黎,PUF,1954年,第93-198页。

② 加斯东·巴什拉:《洛特雷阿蒙》,巴黎,José Corti 出版社,1939年。

③ 保尔·克洛岱尔:"询问动物",载《费加罗文学杂志》,第129期,第3年,1948年10月9日,第1页;收入"宗教图画集的几幅插图",《诗集》中的《形象与寓言》,巴黎,Gallimard 出版社,七星丛书,1965年,第982-1000页。

④ 保尔·克洛岱尔:"询问动物",载《费加罗文学杂志》,同上,第1页;"几个被遗忘的伙伴",收入"宗教图画集的几幅插图",《诗集》,如前所引,第999页。

我们很想看看笛卡尔或马勒伯朗士读到这段文字的样子,他们会重新认识被他们看作机器、承担着人类或超人类标记的这些动物。为动物恢复名誉,我们在下一次谈话将看到,意味着幽默和一种讽刺的人道主义,而他们远没有达到这一点。

第五章　从外部看到的人

迄今为止我们已经试着通过知觉的眼睛去看空间、事物以及栖居于这个世界的生命,却忘记了我们与它们亲密太久以至于认为它们是"自然而然的",就它们向素朴经验所呈现的那样去接受它们。现在在人自身方面必须重新开始同样的尝试。因为诚然,三千多年以来我们关于人的问题说了很多,但却往往是通过反思获得这些看法的。为了试图了解人是什么,哲学家笛卡尔严格地检查呈现给他的观念,例如心灵和身体的观念。他对这些观念进行提纯,去除所有模糊或混乱。大部分人将心灵理解为某种类似精微物质的、或烟或气的东西,而笛卡尔,接着原始人的例子,很好地指出了心灵与物质截然不同,它具有完全不同的本质,因为烟或气无论有多么精微,它们也按照自己方式属于某种事物,而心灵完全不是事物,它不居于空间,不像所有东西那样散布在一定广延中,而是密实不可分的,最终只是不可抑止地内敛和内聚、自我认识的存在。于是我们得到心灵的纯粹概念和物质或事物的纯粹概念。但是显然,我只能在我自己之中感受和接触到这种纯粹心灵。其他人对我而言永远不是纯粹心灵:我只是通过他们的目光、动作、话语,总之通过他们的身体来认识他们。诚然,另一个人对我而言远不能还原为他的身体,这个由于各种意向而具有生命力的、作为许多行动或意图主体的身体，才是我所记得的、为我刻画出他精神面貌的身体。然而我终究不能把一个人与他的体形、声调和口音分开。只要看他一下，我就能马上认出他来，而不是通过列举经验和传闻对他的了解来认出他。其他人对于我们而言是萦绕于身体的一些心灵，在这种身体的整个表象中，似乎就包含着全部可能性，而身体正是其显现本身。因此，考虑从外部看到的人，即作为他者的人，很可能引导我重新审察某些类似身心区分那样看似必要的区分。

那么让我们讨论一个例子，看看这些区分是什么。假设我面前有个人出于某种原因对我极其愤怒。对方生气了，通过激烈的言语手势和喊叫等表达了他的愤怒。但是愤怒在哪儿呢？人们会这样回答：在对方的心灵中。这并不清楚，因为我在对方的目光中读到恶意和残酷，无法想象这种恶意和残酷可以与他的动作、言语和身体相分离。所有这些并不发生在世界之外，不发生在生气者身体之外的遥远圣地。恰恰是在这里，在这个房间，在房间的这个位置爆发了愤怒，正是在他和我之间的空间里展开了愤怒。我承认，也许随即泪水从他眼里流出，嘴角强作欢笑，但愤怒并非发生在他的脸上。不过愤怒终究萦绕于他，面红耳赤、满眼血丝、嗓音尖锐……如果我暂时退出局外旁观者视角，想起当我自己生气时愤怒所呈现的样子，我不得不承认是一样的：反思我自己的愤怒可以得知，没有什么可以与我的身体分离，或说脱离我的身体。当我想起我对保罗的愤怒，我感觉到愤怒不在心灵或思想中，而完完全全在大吵大嚷的我和安静地坐在那里、面带嘲讽地听我吵嚷的可恶的保罗之间。我的愤怒只不过是一种毁灭保罗的尝试，如果我爱好和平,这种尝试止于语词,如果我颇有教养,这种尝试甚至是谦恭有礼的;但是,即便是君子动口不动手,这种愤怒终究进入我们的公共空间,而不是只在我之中。只有在随后思考了愤怒是什么、注意到它含有一种对他者的某种(负面)评价时,我才总结出:毕竟愤怒是一种思想,处于愤怒就是思考他者是可恶的,这个思想与其它所有思想一样,正如笛卡尔指出,不可能栖于任何物质碎片中。因此它是属于心灵的。我徒劳地这样反思,一旦转向引发我思考的愤怒经验本身,就不得不承认,愤怒并不外在于我的身体,不是从外部激怒身体,而是无法解释地与它在一起。

正如所有伟大哲学家一样,笛卡尔也认为整体是存在的。他虽然严格区分了心灵和身体,不过也认为灵魂不像船舶领航员那样仅是身体的领导和统帅①,而是非常紧密地与身体联系在一起,以至于在身体中受苦,正如我们牙疼时那样。

只不过对于笛卡尔而言,灵魂和身体的这种统一是无法谈论的,只能通过生命的使用而体验到;他认为无论事实上我们的状况怎样,即使事实上我们经历了——用他自己的术语说是——心灵和身体的真正"混合",也不能剥夺我们严格区分经验中所统一的

---

① 笛卡尔:《方法谈》(1637年),第五部分,选自 A. T. 版《笛卡尔全集》,如前所引,第 6 卷,第 59 页,1. 10 - 12;选自《笛卡尔著作及书信集》,如前所引,第 166 页:"说它[灵魂]住在人的身体里面就像舵手住在船上是不够的,除非是为了使肢体运动,它必须更加紧密地与身体联合,才能在运动以外还具有与我们一样的感情和欲望[……]";《第一哲学沉思集》(第一版,1641 年),第六沉思,A. T. 版《笛卡尔全集》,第 7 卷,第 81 页,1. 2 - 3;《形而上学沉思集》(1674 年),A. T. 版《笛卡尔全集》,第 9 卷,第 64 页;《笛卡尔著作及书信集》,巴黎,如前所引,第 26 页:"自然也用疼痛饥渴等感觉告诉我,我不仅住在我的肉体里,像一个舵手住在他的船上,而且除此之外,我和它非常紧密地联结在一起,融合混杂,与它结合成一个整体。"

东西的权利、坚持身心统一的事实所否认的身心根本分离的权利,以及不考虑人的直接结构而根据反思来对人做出定义的权利:因为思想奇怪地与身体工具相联结,身体的机械性和思想的透明性都不因其混合而受损害。可以说自从笛卡尔以来,即使那些最忠实地追随其教诲的人也在这个问题上不断问自己:我们对于一个既定的人的反思如何摆脱那些从初始处境上似乎就服从的条件。

如今的心理学家在描述这种处境时坚持这样的事实:我们首先不是活在对自我的意识中,甚至也不是活在对事物的意识中,而是活在对他人的经验中。我们只是在接触了其他人之后才感觉到自己存在,反思永远是一种向我们自身的回归,而这种回归又很大程度上归功于我们与他人的来往。几个月大的婴儿已经能够很灵巧地分辨他人脸上的友善、愤怒和恐惧,而这时候他还不能通过审察自己的身体来学会这些情感的生理信号。因此他人身体的各种动作姿势,在他看来一下子被赋予了情感意义,因此他学会把心灵当作可见行为一样来认识,就像在他自己心灵深处认识的一样。成人自己在自身生命中发现文化、教育、书籍和传统所教的东西。我们与自身的接触总是通过一种文化、至少通过一种我们从外部接受的语言而进行,语言指引我们认识自己。因而,如果说我们反对环境所加于的观念的长驱直入是一个重要的诉求,那么只能借助语言工具并参与到世界的生命中,才能够真正自由地实现无工具和无历史的纯粹自我和心灵。

因此人和人性有一种图景不同于我们已经由以出发的那种图景:人性不是个体的总和,不是思想者的共同体,其中每个孤独的个人都注定与其他人和谐相处,因为他们全部分有相同的思想本质。当然，人性更不是个体多元性融合并注定被吸收于其中的唯一存在。人性基本上处境微妙：每个人都只能相信他内在承认为真的东西，同时每个人都只能在优先指向这种意见的他人关系中思考和作出决定。每个人都是孤单的，没有人能够不需要他人，不仅是为了功利——这里与功利无关——而是为了幸福。不存在使我们摆脱自我负担、免除我们产生意见的多重生命；不存在作为我们与他人关系最初尝试的"内在"生命。我们由于拥有身体、拥有个人和集体的历史而被抛于这种模棱两可的处境，在这种处境中我们不可能得到绝对的安宁，必须不断努力减少分歧，为我们被误解的言语做出解释，展示我们隐藏的东西，去知觉他人。心灵的理性和一致不是在我们背后的，而是在我们面前被推定的，我们既无法确定地达到，也无法放弃。

我们知道，我们这个物种参与了一种永不终结也不可能终结的任务，这一任务也不必然呼唤即使只是相对的成功，在这种处境中我们同时发现了不安和勇敢的主题。这两者其实是一个东西。因为不安是警觉，是愿意去判断、愿意去了解我们所做的和自行出现的东西。如果没有好的命运，更没有坏的命运，勇敢就是信任自己和他人；由于所有的生理和社会处境差异，有火花出现在他们的行为和关系本身中，使得我们承认这些行为和关系，使得我们需要他们的同意或批评，使得我们拥有共同的命运。简单地说，现代人的人道主义不再具有前几个世纪那种不容置疑的腔调。我们不要再自诩为纯粹精神共同体，看看我们社会中现实的彼此关系：大部分时候是主奴关系。我们不要用良好意愿来推脱，看看这些意愿一旦离开我们就变成怎样。在我们对自己这个物种打算采用的陌生视角中有一种健康的东西。伏尔泰在《米克罗美加斯》（*Micromégas*）中想象有一个来自与我们习俗不同的其它星球的巨人，我们的习俗在他这个高于我们的理智面前只显得可笑。我们的时代保留了自我批判，不是从高处进行的辛辣和恶意的批判，而在某种意义上是从低处进行的批判。卡夫卡想象一个人变形为甲壳虫①，以甲壳虫的视角看待家庭。他想象与人类世界相冲突的一只狗的研究②。他描述了一些封闭于积习成俗的甲壳之内的社会。如今莫里斯·布朗肖描述了一个法律严明的城邦③，每个人都密切参与到法律中，以致不再体会到自己的与众不同。从外部看待人，就是批判，就是精神的健康。但这并不是像伏尔泰那样为了说明一切都是荒谬的，而是像卡夫卡那样说明人类生活总是遭受威胁的，借助幽默促进了人们难得罕有的自我认识和自我定位。

---

① 弗兰兹·卡夫卡：《变形记》，法译者 A. Vialatte，巴黎，Gallimard 出版社，1938 年。
② 弗兰兹·卡夫卡：《一只狗的研究》，选自《中国的城墙》，法译者 J. Carrive 和 A. Vialatte，阿维尼翁新城，Seghers 出版社，1944 年；再版，巴黎，Gallimard 出版社，1950 年。
③ 莫里斯·布朗肖：《至高者》，巴黎，Gallimard 出版社，1948 年。

第六章　艺术与被知觉世界

53　　在之前的谈话里,我们试图恢复被知识和社会生活积淀所遮蔽的被知觉世界,我们往往求助于绘画,因为绘画不由分说地让我们重新面对生活世界。在塞尚、胡安·格里斯、布拉克、毕加索那里,我们以不同的方式遇见对象:柠檬、曼陀林、葡萄串、烟草盒,这些东西不是以"熟知"对象的名义从眼皮下溜过,而是相反,它们阻止和询问目光,以奇特的方式告知其隐秘实体、其物质性方式本身,这样一来,它们在我们面前"流血"。于是绘画将我们重新引向对事物本身的看。反过来,一种想重新学会看世界的知觉哲学也为绘画服务,要恢复绘画或一般地说恢复艺术的真正地位、真正尊严,促使我们接受它们的纯粹性。

54　　那么关于知觉世界我们已经学会了什么?我们已经了解到,在这个世界上不可能把事物与它们的显现方式分开。诚然,如果我对一张桌子做出词典式的定义:由三条或四条腿支撑的水平平面,我们可以在上面吃饭、写字等等,我可能觉得达到了桌子的本质,我对桌子可能具有的所有偶性——桌腿的形状、线脚的风格等等——并不感兴趣,然而这不是知觉,而是定义。相反,如果我是在知觉一张桌子,我不会对桌子实现其桌子功能的方式不感兴趣,它支撑其桌面的方式每次都是独具一格的,正是它抗衡重力、从桌腿到桌面的独特运动使我兴趣盎然,使每张桌子不同于其它桌子。这里没有什么细节——木头的纤维、桌腿的形状、木头的颜色本身和年代、标志其年代的刻痕或磨损——不是意味深长的,"桌子"的意义只有从体现桌子当下形态的所有"细节"中浮现出来时才让我产生兴趣。然而,如果我进入知觉的学堂,我就觉得自己准备好理解艺术作品了,因为艺术作品也是一种肉身的整体性,其中的意义并非自由的,而是与向我展示这一意义的所有符号及其所有细节相关联并被它们俘获,因此,艺术作品如同被知觉事物一样被看见或被听到,任何定义、任何分析,无论事后对这种经验做出的清点有多么细致,都不可能替代我对其直接的知觉经验。

这首先并不是那么明显的。因为通常我们说画代表着事物,肖像画代表画家画的那个人。毕竟,绘画难道不是像车站里的指示箭头那样、唯有的功能是指引我们到出口或到站台吗?又或者难道不是像精确的照片,保留了对象的全部本质,以供我们在对象不在场时研究它?如果是这样,绘画的目的就是障眼法,它的意义完全在画外、在它所指示的事物之中,在主题中。然而所有有价值的画恰是在违背这一观念的情况下被构造出来的,画家们也有意识地与这一观念斗争了至少百年。根据若阿基姆·加斯凯的记载,塞尚说过,画家抓住自然的碎片,"并使之绝对地变成绘画"[①]。三十年前布拉克更清楚地写道:绘画不追求"重构一个寻常事实",

---

① 若阿基姆·加斯凯:《塞尚》,巴黎,Bernheim-Jeune 出版社,1926 年;再版于格勒诺布尔,Cynara 出版社,1988 年;参见第 71 页、第 130-131 页。

而是追求"构造一个绘画事实"。① 因此绘画不该是对世界的模仿,而是一个自为的世界。这就是说,对画的体验并不诉诸于自然事物,肖像画的美学体验也不诉诸于与模特的"相似性"(订做肖像画的人往往要求画得像他们,但这更多是出于虚荣而非对绘画的热爱)。既然如此,为何画家不创造出各种富有想象力的不存在对象,像他们偶尔为之的那样?这就说来话长。我们只要注意到,即使画家在处理现实对象的时候,他们的目的也从不是使人想起对象本身,而是在画布上创造出自足的景象。通常人们认为画的主题和画家手法之间有区别,这是不合理的,因为对美学体验而言,主题正是在于画家在画布上构造出葡萄、烟斗或烟草盒的手法。这是不是在说,艺术中只有形式是重要的,而我们所说的并不重要?绝非如此。形式和内容、我们所说的和我们说出的方式不可能各自单独存在。显而易见的是:我能根据功能充分地想象一个从未见过的对象或工具,至少是它的普遍特征;但是最好的分析也无法让我猜想到一幅从未见过的画。因此面对一幅画,问题不在于对主题和历史背景进行多番考证——如果这幅画在创作之初有这么一种历史背景的话,而在于像感知事物本身那样去思考、感知这幅画,根据沉积在画布上的绘画痕迹所给予的各种沉默指引,直至画的所有部分无需言辞、无需推理,形成了一种严格的组织,尽管我们无法对之作出解释,却也感觉到没有什么东西是任意的。

尽管电影业尚未生产出许多接连成为艺术的作品,尽管对明

---

① 乔治·布拉克:《1917—1947年笔记》,巴黎,Maeght éditeur 出版社,1948年,第22页(éd. augm. 1994年,第30页):"画家不是试图重构一个轶闻趣事,而是试图构造一个图画事实。"

星的迷恋、对镜头变换或剧情曲折的刺激效果的追求、对摄影之美或心灵对话的关注是电影的多余尝试，使它有可能沉湎其中或被胜利冲昏头脑，以致忽略了电影自身固有的表达方式。尽管所有这些情况使我们至今尚未看到不折不扣的电影，我们还是可以隐约感觉到这种作品可能是怎样的，我们会看到，电影就像艺术作品，应该也是某种我们所知觉的东西。因为最终得以构成电影之美的既不是故事本身，尽管它可以被讲述得很好，更不是它可能传达的观念，也不是导演那些标志性的口头禅、癖好和手法——这些东西与作家的偏好用语一样不具有决定性作用。重要的是对所上演片段的选择、对每个片段里诸视角的选择、对诸要素分配的时长、呈现顺序的选择、伴音或话语的取舍，所有这些构成了某种整体的电影节奏。如果我们的电影制作经验更多些，就有可能设计出一种电影逻辑，甚至是电影语法和风格学，它们能根据已有作品的经验向我们指出每个要素在典型的整体结构中的涵义，以便毫无违和地把要素加进去。然而，正如艺术领域的所有规则一样，这些规则只是用来阐明一些成功作品中的既存关系，并借此启发出一些还不错的作品。创作者们永远总是不得不在毫无指引的情况下去发现一些新的整体。观众永远会在一部好的作品中体会到时间发展的统一性和必要性，而无需清晰地意识到它。作品的精神永远不是留下一堆秘方，而是一种光彩夺目的印象、一种节奏。电影体验永远就是知觉。

音乐为我们提供了一个很简单的例子。显然，无法想象艺术会诉诸其它不同于自身的东西。标题音乐则例外，它为我们描述了一场风暴甚至是一种忧伤。这里我们无疑是面对一种不言说的艺术。然而音乐远远不仅是声音感觉的集合：通过声音我们看到一个句子的出现，从句子到句子，乃至出现整体，最终，如普鲁斯特所说，出现了一个世界，这个世界处于可能的音乐领域中，德彪西的领地或巴赫的王国。什么都不用做，只是听着，无需回到我们自身、我们的记忆和情感，更不用说创作者，正如知觉看着事物本身却并不将之与梦境相混淆。

最后，我们可以谈一谈文学中类似的东西，尽管由于文学使用的语词也用于指示自然事物，从而使这种类似常有疑义。早先马拉美①区分了语言的诗性使用和日常闲谈。闲谈者命名事物只是为了简要地指示它们，为了指出"与什么有关"。诗人则相反，马拉美说，诗人用为我们描述了事物的本质结构、并因此迫使我们进入事物的一种表达，来代替事物"众所周知"的公共指称。诗性地谈论世界，在日常语言的意义上说就是几近沉默。我们知道马拉美写的很少，但是在他留给我们的少量作品中，我们至少发现了关于诗的最纯粹的理解：诗完全由语言承载，并不直接指涉世界本身或非诗性的真理和理性，因而是一种言语的创造，不能完全表现为观念；因为诗正如后来亨利·布雷蒙②和瓦莱里③所说，并非首先是

---

① 斯特凡·马拉美，在其著作中到处可见（参见其诗集），例如，《答询问》（朱尔·于雷的询问，1891年），《全集》，巴黎，Gallimard 出版社，七星丛书，1945年。

② 亨利·布雷蒙：《纯粹诗歌》（五学院公开课讲演，1925年10月24日），巴黎，Grasset 出版社，1926年。

③ 保尔·瓦莱里，在其著作中到处可见，例如，"前言"（1920），《多样性》，巴黎，Gallimard 出版社，1924年；"我有时对斯特凡·马拉美说……"（1931年），《多样性 III》，巴黎，Gallimard 出版社，1936年；"对马拉美的最后访问"（1923年），《多样性 II》，巴黎，Gallimard 出版社，1930年；"关于诗歌的言论"（1927年），"诗歌与抽象思维"（1939年），《多样性 V》，巴黎，Gallimard 出版社，1944年。参见弗雷德里克·勒菲弗：《与保尔·瓦莱里的谈话》，亨利·布雷蒙作序，巴黎，Le Livre 出版社，1926年。

观念的或具有意指的意义,所以马拉美和后来的瓦莱里①拒绝对关于他们诗歌的非诗性评论表示同意或反对:在诗歌和被知觉事物中我们都不能将内容和形式分开、将被表现的东西和表现方式分开。如今的作家莫里斯·布朗肖等寻思是否该将马拉美关于诗的看法延伸到小说和一般文学中②,认为成功的小说不是一堆观念或论题,而是以感觉事物的方式存在。这种事物是运动中的,要在时间发展中去知觉它,要符合它的节奏;它在记忆中留下的不是观念的整体,而是这些观念的象征和印记。

如果这些评论是对的,如果我们已说明了艺术作品是被知觉的,知觉哲学就能免于遭受误解和反对。被知觉世界不仅是自然事物的整体,也是绘画、音乐、书,德国人所谓的整个"文化世界"。深入到被知觉世界中,远没有使我们的视野变窄,远不是把自己局限在卵石或水,而是重新找到思考艺术作品、语词作品和文化作品的自主性和原初丰富性的方式。

---

① 保尔·瓦莱里,在其著作中到处可见(文学研究,序言,理论著作,讲课),例如,"诗歌问题"(1935年),"关于海墓"(1933年)和"魅力的评论"(1929年),《多样性 III》,巴黎,Gallimard出版社,1936年;"关于诗歌的言论"(1927年),"人与外壳"(1937年)和"法兰西学院诗歌课程开幕词"(1937年),《多样性 V》,巴黎,Gallimard出版社,1944年。

② 莫里斯·布朗肖:《失足》,巴黎,Gallimard出版社,1943年;尤其是"文学如何可能?"(第一版,巴黎,José Corti出版社,1942年)和"马拉美的诗歌是模糊的吗?"

第七章 古典世界与现代世界

最后这一次谈话,我们来欣赏现代思想的发展,在先前几次谈话中我们多少已经有所描述。画家、作家、某些哲学家和现代物理学缔造者向被知觉世界的回归与古典科学、艺术和哲学的抱负相比,难道不会被看作是一种衰落的迹象?一方面,我们确信有一种思想,毫不犹豫地献身于关于自然的完整知识,消除关于人的知识的全部神秘性。另一方面,我们现代人并不拥有原则上向着知识和行动敞开的理性世界,而是有一种充满保留和限制的艰深知识和艺术,一种并不排除裂隙和空白的世界表象,一种怀疑自身并无论如何也不自诩为得到所有人认可的行动……

必须承认,现代人(请原谅我这类表达中的含混,以下同理)既没有教条主义,也没有古典思想对艺术、知识和行动的确信。现代思想有一种未完成的和含混的双重性,让人以为是衰退和没落。笛卡尔相信能够一劳永逸地从上帝的属性中推演出物体的撞击定律,而我们认为所有科学成果都是暂时和近似的[①]。博物馆里充塞着那些似乎多加一笔都是画蛇添足的作品,而我们的画家献给

[①] 笛卡尔:《哲学原理》(1647年),第二部分,第36–42条,A. T. 版全集,如前所引,第9卷,第83–87页;《著作和通信集》,如前所引,第632–637页。

公众的作品有时似乎只是一些草图。这些作品本身就惹人非议，争论不休，因为其意义不是一锤定音的。有多少著作讨论兰波在献给当代人的唯一一本书出版之后的沉寂，而拉辛在《费德尔》出版后的沉寂相反就似乎没什么问题。似乎今天的艺术家充满了谜团和灵感。普鲁斯特在许多方面都与古典艺术同样清晰，即便如此，他为我们描述的世界无论如何也不是完结的和单义的。在《安德罗玛克》中，我们知道埃尔米奥娜爱皮洛士，当她派奥雷斯特去杀他，没有观众不能理解这种爱者宁可失去所爱者、也不要把他留给另一个人的爱恨交织的含混性。这种含混性并非基本的含混性：显而易见，如果皮洛士背弃的是安德罗玛克，投向的是埃尔米奥娜的怀抱，埃尔米奥娜就会甜蜜至极。反过来说，谁知道普鲁斯特书里的叙述者是否真的喜欢阿尔贝蒂娜？[①] 他注意到他只是当她不在身旁时才渴望伴其左右，所以得出结论自己不喜欢她。但当她不见了，得知她的死讯，她显然是不可逆转的不在身旁了，他想他需要她，他爱她。[②] 但读者免不了会想：如果阿尔贝蒂娜又回到他身旁，例如他有几次梦见她，普鲁斯特的叙述者会不会还爱她？是不是说爱情是嫉妒的需要，或者从未有爱，就只有嫉妒和感到被排除？这些问题并非来自一种细致的注解，而是普鲁斯特自己提出的，这些对他而言构成了所谓的爱情。现代的人心是一种断续的心，它甚至无法认识自己。对现代人而言不仅作品是未完

[①] 马塞尔·普鲁斯特：《追忆逝水年华》，第5卷："女囚徒"，巴黎，Gallimard 出版社，1923年。

[②] 马塞尔·普鲁斯特：《追忆逝水年华》，第6卷："消失的阿尔贝蒂娜"，巴黎，Gallimard 出版社，1925年。

结的,作品所表达的世界本身就像一部没有结论的作品,我们也不知道是否会有一个结论。一旦涉及的不仅是自然而且是人时,在基于事物复杂性的认识未完成性之上,又增加了一种固有的未完成性:十年前有位哲学家举例说,我们无法想象完全客观的历史知识,因为阐释和比较过去,依赖于历史学家出于自己的考虑而做出的道德和政治选择。人类的存在封闭于自己的圈子,永远无法抽离自身以通达无遮蔽的真理,只有客观化的推进而没有完全的客观性。

如果离开认知领域考察生活和行动领域,我们会发现现代人与之斗争的含混性可能更加惊人。我们的政治词汇中不再有一个词可以用来指示最具差异甚至是最为对立的现实。自由、社会主义、民主、重构、复兴、工会自由,这些词每一个至少有一次被某一现有大党所声明。这不是由于他们领袖的狡猾:是事物本身的狡猾;确实,在某种意义上,美国对社会主义没有任何同情心,如果社会主义意味着所有权关系的彻底转变,它在美国的阴影下毫无机会获得建立,相反在某些条件下可能得到苏维埃方面的支持。然而,苏联的经济和社会体制及其备受指责的社会分化和劳动力集中营,自身不是、也不可能自然变成所谓的社会主义体制,这也是确实的。最后,一种不在法国的疆界之外寻求依靠的社会主义也许既是不可能的,甚至也不具有人性意义。我们确实处于黑格尔所谓的外交处境中,即词语意谓着(至少)两种事物或者事物不只被唯一的词语所命名的处境。

然而确切地说,如果含混性和未完成性被铭写于我们集体生活的结构本身中,而不仅铭写于知识分子的著作中,那么希望以理性的复兴——在 1815 年政体意义下的复兴——来回应这个问题是可笑的。我们能够而且应当分析我们时代的含混性,并穿越这种含混性,尝试去探索一条可以在意识和真理中坚持的道路。但是我们知道得太多,以致无法纯粹和简单地恢复父辈的理性主义。例如,我们知道不应该相信那些口头上的自由政体,它们可能把平等和博爱当作格言,却没有付诸行动;崇高的意识形态有时只是它们的借口。此外我们知道,为了实现平等而把生产工具所有权让渡给国家是不够的。我们对社会主义和自由主义的考察都不是无保留和无限制的,只要事物的运行和人的意识还没有可能超越这两种含混的体系,我们就还停留在不稳定的状态。自上斩断,从中择一,借口理性绝对会看得清楚,这就说明了人们更关心的不是作用着活动着的理性,而是在不容置疑的神情下隐藏了其困惑的理性幽灵。像于连·邦达那样热爱理性——当知识总是更好地揭示时间的现实时想要永恒,当事物本身是含混时想要最清晰的概念,这是浪漫主义最狡猾的形式,这是宁可要理性这个词而不要理性的实践。复兴从来都不是重建,而是掩盖。

更有甚者,我们有理由问自己,是否人们常给予我们的关于古典世界的图景只不过是一个传说,是否古典世界也经历过我们所经历的未完成性和含混性,是否古典世界满足于否认它们的正式存在,是否我们文化的不确定性远非没落的、而是关于永真之物的敏锐和毫不含糊的意识、是获得而非衰退。当人们谈论经典作品,把它当作已完成的作品时,我们应当记得达芬奇和其他许多艺术家留下了一些未完成的作品;巴尔扎克认为一部作品的成熟巅峰是无法定义的,他承认,严格说来写作总是可以继续进行的,写作被打断只是为了给作品留下某种清晰度;塞尚认为他的整个绘画生涯是向着他所追求之物的接近过程,但他却不止一次给我们以完成了的或完美的感觉。也许是出于一种回溯的幻觉——因为作品离我们太远,与我们差别太大,以至于我们不能够修改它和继续画它——我们才觉得某些绘画有一种不可逾越的完满性:作画的画家们只会在画里看到尝试或失败。我们刚才说到政局的含混性,就好像所有过去的政局在其当时没有可与我们时代相比的矛盾和疑难——例如法国大革命,甚至是"古典"阶段直至列宁去世前的俄国大革命。如果是这样,"现代"意识揭示的就不是现代的真理,而是所有时代的真理,只是在如今更为明显,也更为重要。这种更伟大的洞察力、对争议更完整的体验并不是人类的退化:事实上是,人类并非像长期以来那样在岛屿和海岬生存,而是天涯海角也会彼此相对,借助文化或书籍相互对话……当前世风日下,但人们不能通过复兴古典时代的狭隘人性来治疗。实情是,我们的问题是在我们的时代、通过我们自身的经验做古典时代的人们已经在他们的时代做过的事,正如塞尚的问题,用他自己的话说是"把印象派做成像博物馆里的艺术作品那样坚实的东西"[①]。

---

① 若阿基姆·加斯凯:《塞尚》,如前所引,第 148 页。确切的引文是:"把印象派作成像博物馆里的艺术作品那样坚实持久的东西"。

文　　献

BACHELARD Gaston

La Psychanalyse du feu，Paris，Gallimard，1938；rééd. coll.«Folio essais»，1985；

Lautréamont，Paris，José Corti，1939；rééd. 1986；

L'Eau et les Rêves，Paris，José Corti，1942；rééd. LGF，coll. «Le Livre de poche»，1993；

L'Air et les Songes，Paris，José Corti，1943；rééd. LGF，coll. «Le Livre de poche»，1992；

La Terre et les Rêveries de la volonté，Paris，José Corti，1948；

La Terre et les Rêveries du repos，Paris，José Corti，1948；rééd. 1992.

BENDA Julien

La France byzantine ou le Triomphe de la littérature pure，*Mallarmé*，*Gide*，*Proust*，*Valéry*，*Alain*，*Giraudoux*，*Suarès*，*les surréalistes*；*essai d'une psychologie originelle du littérateur*，Paris，Gallimard，1945；rééd. Paris，UGE，coll. «10/18»，1970.

BERNARD Émile

Souvenirs sur Paul Cézanne et lettres，Paris，À la rénovation esthétique，3e éd.，1921.

BLANCHOT Maurice

Faux pas，Paris，Gallimard，1943，éd. renouvelée 1971；rééd. 1975；

Le Très-Haut，Paris，Gallimard，1948；éd. renouvelée 1975；rééd. 1988.

BRAQUE Georges
Cahier (1917 – 1947), Paris, Maeght éditeur, 1948 ; *Cahier* (1917 – 1955), éd. augm.1994.

BREMOND Henri
La Poésie pure, Paris, Grasset, 1926.
Prière et Poésie, Paris, Grasset, 1926.
Racine et Valéry, Paris, Grasset, 1930.

BRETON André
L'Amour fou, Paris, Gallimard, 1937 ; rééd. 1975.

CLAUDEL Paul
Connaissance de l'Est (1895 – 1900), Paris, Mercure de France, 1907, rééd. Paris, Gallimard, coll. «Poésie», 1974 ;
«Interroge les animaux», *Figaro littéraire*, n°129, 3ᵉ année, 9 octobre 1948, p.1 ; repris dans «Quelques planches du Bestiaire spirituel», in *Figures et paraboles*, in *Œuvres en prose*, Paris, Gallimard, coll. « La Pléiade», 1965.

DESCARTES
Œuvres, éd. C. Adam et P. Tannery, Paris, Cerf, 11 vol., 1897 – 1913 ; rééd. Paris, Vrin, 1996 ; *Œuvres et lettres*, éd. A. Bridoux, Paris, Gallimard, coll. «La Pléiade», 1937 ; rééd. 1953.

FREUD Sigmund
Cinq Psychanalyses, «Analyse d'une phobie chez un petit garçon de 5 ans», trad. Fr. M. Bonaparte, *Revue française de psychanalyse*, t. 2, fasc. 3, 1928 ; rééd. Paris, PUF, 1975.

GASQUET Joachim
Cézanne, Paris, Bernheim-Jeune, 1926 ; rééd. Grenoble, Cynara, 1988.

KAFKA Franz

La Métamorphose (1912), trad. fr. A. Vialatte, Paris, Gallimard, 1938; rééd. 1972;

Recherches d'un chien (1923 − 1924?), in *La Muraille de Chine*, trad. fr. J. Carrive et A. Vialatte, Villeneuve-lès-Avignon, Seghers, 1944; rééd. Paris, Gallimard, 1950; trad. fr. M. de Launay, Paris, Findakly, 1999.

KÖHLER Wolfgang

L'Intelligence des singes supérieurs, Paris, Alcan, 1927.

LEFEVRE Frédéric

Entretiens avec Paul Valéry, préface d'Henri Bremond, Paris, Le Livre, 1926.

MALEBRANCHE

De la recherche de la vérité (1674 − 1675), éd. G. Lewis, Paris, Vrin, t.1, 1945; in *Œuvres complètes*, éd. G. Rodis-Lewis et G. Malbreil, Paris, Gallimard, coll. « La Pléiade», t. 1, 1979.

MALLARME Stéphane

Œuvres complètes, 1 vol., éd. H. Mondor et G. Jean-Aubry, Paris, Gallimard, coll. «La Pléiade», 1945; rééd. 2 vol., éd. B. Marchal, Paris, Gallimard, coll. « La Pléiade», 1er vol. 1998.

MICHOTTE Albert

La Perception de la causalité, Louvain, éd. ISP, 1947; rééd. Louvain-Bruxelles-Amsterdam, Presses universitaires de Louvain - Ed. «Erasme» - Ed. «Standaard-Boekhandel», 1954.

PAULHAN Jean

«La Peinture moderne ou l'espace sensible au cœur», *La Table ronde*, n°2, février 1948, p. 267 - 280; remanié pour *La Peinture cubiste*, 1953, rééd. Paris, Gallimard, coll. «Folio essais», 1990.

PONGE Francis
Le Parti pris des choses, Paris, Gallimard, 1942; rééd. coll. «Poésie», 1967.

PROUST Marcel
A la recherche du temps perdu, t. 6 : *La Prisonnière*, Paris, Gallimard, 1923, rééd. coll. «La Pléiade», vol. 3, 1988; t. 7: *Albertine disparue*, Paris, Gallimard, 1925; rééd. coll. «La Pléiade», vol. 4, 1989.

RACINE
Phèdre (1677);
Andromaque (1682).

SARTRE Jean-Paul
L'Etre et le Néant, Paris, Gallimard, 1943; rééd. coll. «Tel», 1976;
L'Homme et les choses, Paris, Seghers, 1947; repris dans *Situations*, I, Paris, Gallimard, 1948, rééd. 1992.

VALERY Paul
Variété (1924), *Variété II* (1930), *Variété III* (1936) et *Variété V* (1944), in *Œuvres*, éd. J. Hytier, Paris, Gallimard, coll. «La Pléiade», vol. 1, 1957.

VOLTAIRE
Micromégas (1752).
Essai sur l'histoire générale et sur les mœurs et l'esprit des nations, depuis Charlemagne jusqu'à nos jours (1753, éd. augm. 1761 – 1763).

译后记

《1948年谈话录》包含莫里斯·梅洛-庞蒂的七篇谈话，是他为了电台广播而撰写的。由于面向非哲学专业的听众，因而极其凝练清晰，可被视作梅洛-庞蒂早期哲学思想的精要概括。

1948年10月9日至11月13日的每周六，梅洛-庞蒂在法国国家电台的"法国文化时间"节目中公开朗读其中六篇。谈话的录音保存在法国国立视听资料馆。斯蒂芬妮·梅纳塞根据梅洛-庞蒂的手写提纲和打印稿整理成此书，于2002年6月在法国Seuil出版社出版。

本书的七篇谈话分别为：被知觉世界与科学世界；探索被知觉世界：空间；探索被知觉世界：感觉事物；探索被知觉世界：动物性；从外部看到的人；艺术与被知觉世界；古典世界与现代世界。

梅洛-庞蒂首先指出，科学追求独立于观察者之外的客观本质世界，而现代思想和艺术提醒我们关注与观察者主体相关的世界，即借助感官所知觉到的世界。

他区分了古典的空间概念和现代的空间概念。古典科学建立在空间和对象、形式和内容的清晰区分上，空间是同质性的、处处相同的，对象是自身同一的。而非欧几何、现代绘画和心理学的探索揭示了新的空间概念：空间与空间中的事物不再能够严格区分，空间不是由纯粹理智所把握的纯粹观念或形式,而是由具体和特定的观察者所揭示的、与事物相关联的形式和内容的混合。进而,认识的主体不再是纯粹理智或绝对心灵,而是与身体的特殊性和处境性相关的、"具有身体的心灵"。

梅洛-庞蒂试图说明事物只有通过人的身体才能被认识。事物是不同属性之间相互联结而形成的统一存在者,赋予其统一性的正是人的身体,人的不同感官所感受到的不同事物性质彼此相互呼应,事物诸性质的统一不是凌驾于诸性质的综合,而是说每一种性质本身就是这种统一。

基于这样的空间和事物概念,被知觉世界只能通过身体、从有限的视角得到揭示,因而不可能被构建为完满和连贯的最高知识,而是具有模糊性和未完成性的。对动物、儿童、原始人或疯子这些为古典思想所忽视的生命或意识形式的研究,揭示出被知觉世界是人从物质向理智、从非理性领域向理性领域不断努力实现的未完成的世界。

"从外部看到的人",即作为他者的人,梅洛-庞蒂认为心灵和身体的区分是后来的推定,我们事实上体验到心灵和身体的统一,同时,与他人的关系内在于我们的人性之中,这种模棱两可的处境反而有利于我们的自我认识。

梅洛-庞蒂指导我们以对待被知觉世界的方式重新看待艺术作品,认为艺术作品的意义不在于所指示的事物之中,而在于自身的内在组织性和统一性,反过来论证了:被知觉世界不仅包含了所有自然事物,也包含了整个文化世界。

最后,梅洛-庞蒂为他所展示的现代思想的未完成性和含混性做出辩护,指出这并非一种衰退和没落,"我们能够而且应当分析我们时代的含混性,并穿越这种含混性,尝试去探索一条可以在意识和真理中坚持的道路。"

本译文曾以《1948年谈话录》为名在商务印书馆2020年10月列入《当代法国思想文化译丛》出版。此次再版除了个别语句的修订之外,还得到浙江大学杨大春老师的指正,他建议将"le monde perçu"译为"被知觉世界",以区分于有时会出现的"le monde de la perception",而后者才应该被译为"知觉世界"。这一区分并非没有意义,但在前一版的译文中并没有体现出来,在此做出更正,并对杨大春老师表示感谢。

儿童与他人的关系

导　　论

本次课和下次课是导论课,我在这两次课中想说明我们今年的主题在整个儿童心理学中的位置。

首先,你们会看到我们今年要处理的主题和去年主题之间可能有的关联。

去年,我们尝试研究儿童与自然的某些关系:例如儿童的知觉,即从外在于他的自然事实中获得的认识,对这些外在事实的表象,例如绘画,想象力对知觉经验的使用,通过因果关系对知觉经验的组织,以及有时被称为儿童的世界表象的东西,即,使儿童具有一种世界观的观念整体,如果这些观念存在的话。

我们这里遇到的是儿童的理智问题,你们看,无论去年我们被引向怎样多种多样的问题,它们总有共同的问题没有或没有根本地被涉及到,这就是儿童与活生生的他人的关系问题,或说是儿童与自然的关系问题。

所以今年我们要处理的问题包括儿童与他人的关系,儿童与其父母、兄弟、姐妹、其他儿童的关系,如果我们有时间,还可以处理儿童与其所属的学校环境、社会阶层或更普遍的与其所属的文化和文明的关系问题。

这些问题我们不可能在今年都处理,因为那样牵涉太广,儿童与其父母兄弟姐妹及其他人类的关系就已经足够占用我们的精力了。

你们可能会觉得我们今年打算处理的问题比去年的问题**更具体**。你们可能会觉得,去年我们研究了儿童认识的"底层结构",其感觉、知觉和认识的整体过程,而今年我们感兴趣的是这种知觉和**认识中更小的领域**:对于他人的知觉,对于他人的认识。最后,你们可能会觉得,去年我们致力于研究儿童认识心理学,而今年我们要致力于研究情感性(l'affectivité)这个更加有限的主题。

但是这两个领域问题的关系并非如此。我完全不相信与他人的关系是比我们去年的问题更具体和更严格地局限于情感性的次级问题。

去年的研究成果使我们不能把他人关系问题当作次级的问题。

当我们谈论儿童的知觉或儿童所把握的因果关系时,令我们吃惊的是,儿童知觉涉及的并不是对外部现象的一种单纯反射,不是对源于感官活动的材料的单纯分拣,而似乎是儿童对经验的真正构形(Gestaltung)。例如,传统上因果关系与理智活动相关,而米绍特①帮助我们看到,因果关系植根于儿童对外部事件具有的知觉本身中,儿童知觉并不是单纯的反射或分拣的结果:而是儿童组织外部经验的一种更深刻的活动,因而不是真正逻辑或述谓的活动。

当我们考虑到儿童的想象时,同样,儿童所具有的印象在我们

---

① 米绍特:《因果性的知觉》(*La Perception de la causalité*),Vrin出版社,1946。

看来,并不是外部知觉的某种弱化版摹本。所谓的想象是一种情感行为以及我们的感觉,所以说在被认知对象与认知主体的关系层面之下,我们要处理的是儿童对想象物和被知觉事物进行组织的原初活动。

考察儿童的绘画,我们不满意吕格的著名著作,①正是在于:儿童的绘画在其中被当作有缺陷的成人绘画,在经年的绘画中体现出的儿童成长,表现为像成人那样去表象世界的一系列尝试的失败,至少是以西方的、白种的和"文明的"成人的方式,也就是说根据经典几何透视法则的表象方式。相反,我们试图说明,儿童的表现手段不能被理解为"视觉现实主义"道路的单纯失败,这些手段证明了儿童有一种与事物和可感物的联系,这种联系与经典风格绘画的透视投影中所表达的人-物关联非常不同。

最后,在我们看来,根据瓦隆的某些说明,②也许无法提出儿童的世界表象问题。为了具有一种世界表象,儿童必须以普遍概念真正地整体化其经验。然而,正如瓦隆指出,整个这种经验区域对于儿童来说是空白的;这就是瓦隆称为"超级事物"的东西,即一些存在物,儿童对之不具有类似经验,其处于儿童知觉的地平线上,诸如太阳、月亮,等等。这些存在物对他而言处于一种相对未被规定的状态,他对之并不具有真正意义上的概念。至于身边临近的对象,儿童则往往具有与成人类似的表象(黄)。③ 泛灵论和

---

① 《儿童画》(*Le Dessin enfantin*),Delachaux et Niestlé 出版社,1972。
② 《儿童思维的起源》(*Les Origines de la pensée chez l'enfant*),PUF 出版社,1975。
③ 黄:"儿童对奇异现象的解释"("Children's explanations of strange phenomena"),《心理学研究》,1931。

人化论的概念——人们使用这些概念也许有点鲁莽——是成人用来表达儿童面对超事物时的混乱的方式；是儿童有时候用来回答成人问题的权宜之计，也许并非其本身的经验。

我相信所有这些都汇聚成以下的观念：当我们仔细考察我们所谓的认知功能，古典学院心理学所谓的认知功能——理智，知觉，想象等等——时，就回到先于这种认知的一种活动，回到组织经验的功能，这种功能把儿童身体和社会条件中的可能配置和平衡类型加到某些整体上。

我们在另一堂课里考察了语言的习得问题，在此我们遇到了同类结论。语言的习得在我们看来是一种开放表达系统的习得，也就是说不仅能表达有限数量的认识或观念，而且也能表达将来的不确定数量的认识或观念，这种语言系统根本不是通过真正的理智活动被儿童习得的，即使儿童通过理智理解了从词法到句法的语言原理；而是通过**经常接触**、把言语当作工具使用而习得的，是通过语言的练习习得的，而语言练习是理智发展的结果之一，也是对其最活跃的刺激之一，在我们看来这一练习不是建立在纯粹理智的练习上，而是建立在更为模糊的活动上，建立在儿童对所处环境之语言系统的同化上，类似无论哪种习惯的习得、行为结构的习得。

这些结论让我们思考，去年所处理的认知功能和情感性之间的关系应该绝对不是后者对前者的单纯从属关系。

不过我想更直接地用两个例子说明。

近来的研究显示，即便是外部知觉，对可感性质和空间的知觉，这种乍一看是最中立、最不受情感影响的功能，都被儿童的人格和人际关系深刻地改变了。

第二个例子涉及到语言的习得。某些作者指出,语言发展和儿童成长的人类环境配置之间存在着非常密切而深刻的关联。

关于第一点,我参考了弗伦克尔-布伦瑞克夫人的一些有意思的研究,她在1949年9月的《人格期刊》上发表了题为"对作为一种情绪的和知觉的可变人格的含混性的不容忍"[①]的文章。

这项工作与先前的一系列研究相关,尤其是与德国心理学家扬施的研究相关,后者在25年前以关于本质主义(l'éidétisme)的研究而著名,此后他转向知觉研究,旨在说明人知觉对象的方式与其人格的一般特征、尤其与他人关系的一般特征之间有密切的关系。含混的知觉(有时从一个角度、有时从另一个角度看到的立方体的同一个外形)在"自由的"主体那里更为常见(即倾向于认出事物的各种侧面——即使这些不同的侧面乍一看并不容易相互协调——的主体)。实话说,扬施在这个方向上的研究过于仓促和轻率。弗伦克尔-布伦瑞克夫人则希望做严格的实验性研究。她完全立足于投射方法的原则本身。罗夏克测验建立在主体的知觉完全被其人格改变的观念上,因为他们利用主体感知视觉材料的方式来推演其人格的某些特征。

弗伦克尔-布伦瑞克夫人选择了一种具体的人格特征来研究它与某些知觉类型的关联。她称之为"心理僵化"。我们一会儿再来定义这种僵化。她力求通过一种实验性研究来探讨人格与某些

---

① "对作为一种情绪的和知觉的可变人格的含混性的不容忍"(Intolerance of ambiguity as an emotional and perceptual personality variable)。

知觉模式之间的关联。为此,加州大学对年龄在 11 岁到 16 岁之间的 1500 名在校儿童进行了调查;并且,她在这 1500 名儿童中又选择了 120 名儿童,他们代表着心理僵化的临界状况和极端状况。

她对这些儿童进行了访谈、体检和测试,邀请了他们的父母,对其中一些——三分之一的父母做关于知觉的具体实验,以观察知觉类型与我前面提到的个人和/或人际因素之间的关联。

关于这些研究所选择的人格变量的说明。"心理僵化"是一个起源于精神分析的概念,尽管它已经远不是弗洛伊德的用法。我们这里指的是一种主体的态度,他对所有问题的回答都是非黑即白,回答斩绝不留余地,当他考察一个对象或人的时候,一般来说不易识别其不协调的特征,总是试图在表述中达到一种单纯、明确、扼要的观点。

在这位作者眼中,"心理僵化"根本不像周围人有时相信的那样是一种真正心理力量的标志,而只是一种面具。在这种僵化之下,我们实际上很容易发现混乱,或至少发现一种深深分裂的人格。她认为,心理僵化被弗洛伊德主义者称为"反应生成",即个体在其心理现实和其它已经在那里、有待对之进行审查的现实之间安置的一种外观;你们很熟悉这种生成的原理:如果一个个体太具攻击性,他会用一层习得的礼节掩盖其攻击性。往往是外表上看最礼貌的人,内心深处最具攻击性。她让我们看到僵化的"反作用"特征。人们仔细考察那些僵化的受试者时会发现,实际上其个人动力是深深分裂的。如果人们询问他们的家庭,他们一般会断然确定地回答:要么家庭是完美的,他们没法期待更好的;要么家庭是糟糕的。不管怎样,都不存在中间地带。最常见的是,他们是传统主义者。他们宣称他们的家庭,尤其他们的父母,是完美的,父母对他们而言代表着绝对。可以说,在这种僵化之下没有心理力量或真正的确信:首先,这些受试者分析和描述父母时,总是强调一些没那么本质的外在特征,好像他们害怕进入更细节的分析之后就不得不承认其周围环境的不完美。第二,当不是公开地询问受试者一个问题(你怎么看待你父母?),而是尝试着设置陷阱,也就是说从他们那里获得一些他们并不能马上觉察其含义的反应时,他们对父母通常是否定的。例如,人们要求他们列出如果去一个荒岛生活几年的携眷名单,那么我们将会意味深长地看到,他们中许多人,尽管绝对地赞同其家庭,却往往没有在他们要带去的人里提到父母。第三,当人们让他们做主题理解测试时,会注意到他们对父母的描述总是强调一些强制性和处罚性方面,这些不同的迹象与临床经验的证据一道说明了,他们对家庭价值的坚定肯定代表着一种面具,面具之下是对父母相当激烈的攻击性。由于对父母角色的攻击性过于沉重和令人苦恼,受试者就将一种反作用现象加到这种攻击性之上,系统性避免揭开面具,拒绝承认在他们所绘制的父母肖像中有任何阴影,因为如果他们开始加上阴影,他们就会加得太多。

更一般的情况是,不仅对于父母,而且对于所有问题、道德或社会问题,这些受试者都根据二元论、权威和服从的二元论来处理:儿童必须绝对服从,否则权威性原则就要受到怀疑;同时还有正派和卑鄙的困境(我们很了解正派的癖好,这使得某些妇女非常热衷于做家务;另外,她们总是痴迷于表面的一尘不染等等,不论这种情感使她们多么苦恼)。所有这些都在儿童的"僵化"中有其根源。好与坏、善与恶的二元论,最后是男性和女性的二元论。所有这些差异,当然没人能够否认,但是在他们这里被当作一种**绝对的差异**,建立在自然基础上,排除所有的转化、渐变和过渡。研究者认为这些受试者在他们与家庭的原初关系中就已经沾染这种态度,因为这些关系也是他们与价值、与世界的最初关联。父母是他们与世界沟通的中介。这些家庭通常就是专制的,试图"训练"孩子,是"令人沮丧"的家庭,儿童在其中感觉到危险。

心理僵化可能时不时地在所有受试者那里出现,然而它只有在特别专制的环境中才会变为儿童无法摆脱的恒常行为。在这种专制氛围中,儿童把父母当作双重对象:一方面,是他自愿认可的父母良善形象,另一方面,是他与之斗争的父母形象。这两种形象,梅拉妮·克莱因称为"好妈妈"和"坏妈妈",它们在儿童那里不是统一的、与同一个人相关联,而是一个处于首要位置,而另一个被儿童视而不见:当人们向他提出一些问题,他只是明确承认令人喜爱的父母形象,研究者把这定义为矛盾情感。这种情感把两个轮番出现的形象当作同一个对象,同一个存在者,而不试图重新把它们联系起来并意识到实际上它们是与同一个对象或存在者相关联的。

梅拉妮·克莱因深刻地区分了如此理解的矛盾情感和模棱两可。不同于矛盾情感,模棱两可是一种成人现象,一种成熟现象,不是病理性的,它承认,同样一个好的、慷慨的人,有可能是令人厌烦的,不完美的。模棱两可性是人们所面对的、勇于正视的矛盾情感,而僵化受试者所缺乏的,是正视他们在人身上发现的矛盾性的能力。

这些儿童身处的家庭是一些专制的家庭,同样也是——我们这里从现象的社会方面说——一些"社会边缘性"家庭。在法国社会中存在着一种社会边缘性:新富人由于感到没有深层次地融入其身处的阶层而是边缘性的;新穷人也同样。在美国这一点由于少数民族的缘故而更为重要。

与社会条件相关,"僵化"的现象也有一些社会后果。"僵化的"儿童认识不到自己的双重态度,甚至拒绝承认自己有"坏父母"的印象,他们可能具有把部分自己投射到外部的倾向,而这并非其所愿。通过一种外在化过程把自身的部分投射到外部,这在一些案例中是非常明显的。一些优秀的观察者认为,在美国和法属非洲殖民地以及其它很多地方流传的黑人性欲故事中,很大部分存在着这种机制,即患者把自身中某种并不情愿的东西投向黑人,而黑人被视作代表了一种"天生的"、更为激烈和强烈的淫荡。同样的机制也在犹太人问题上发生作用:犹太人的角色建构往往是通过这种类型的两极分化而形成的。反犹者把自身不情愿和感到羞愧的部分投向犹太人,就像其他人投向黑人那样——对其他少数民族同样如此;这种少数性由于代表着患者自身携带其种子、而他又不愿承认自己带有的行为而更为可憎。波伏娃分析过"性斗争"的现象中同样类型的机制。从 10 岁开始、在男孩和女孩共同成长的学校中有这种情况。人们之所以探究男孩和女孩这种社会二分化的根据,是因为这已经存在的,所以人们达至承认这样的事情:每个人都把他所不情愿的人性性格归咎于另一性别。例如,男人出于公认的神话和某些生理结构的倾向,不愿意自己是脆弱、感性的,希望自己是铁板一块、坚定的、充满活力的,恰恰将一些他们不希望的个性特征投射到女人身上，而女人也参与了这种假面舞会的共谋，从她们的角度投射给男人一些她们不希望或到目前为止不能承担的个性特征。这就像是一种相互贬低，这种相互贬低同时又是两性之间商定协议的基础。宣称讨厌男人的同一些女人，仍然认为做决定、缴税、提着行李箱去车站、预订位子是他们的事情。而实际上，毋庸置疑，做这些事的男人自己也是肤浅的，也会犯错，而女人有时也和他们一样坚定，能够领导一件事或从事一种职业。他们只是出于某种默契，相互憎恶又共谋。这样他们继续并肩生活，处于一种恨爱交错之中。

我们需要考察，人们称为"心理僵化"的个性和人际关系是如何在外部知觉的匿名功能中得到表达的。

现在我们回到一些实验。人们试图通过这些实验来证明：作为与自我和他人关系模式的心理僵化与知觉的关系。调查是对1500名学生进行的，年龄从11岁到16岁，其中120名是明显"僵化"的。这些受试者显示出巨大的社会偏见和种族偏见，这些偏见，你们还记得吧，我们已经说过，证明了他们就自己所承认和认可的东西与他们所不承认和不认可的东西之间的内在分裂，他们不愿意在自身中看见的东西于是被投射到充当替罪羊的外部主体上；而受试者在他们自己眼中则不受任何他们在外部人群中发现的缺点的损害。

实验者拟定了一些问题来使心理僵化暴露出来。这里是其中一个可供参考的问题。人们要求受试者评价如下句子："人们可能分为两类：脆弱的和强大的。"或是："老师应该告诉学生他们应该做什么,而不是试图知道学生想要什么。"这个句子是为了测试受试者是否具有专制倾向。或是:"女孩只应该学习与家务相关的东西。"或是(在美国进行的):"人们应该驱逐难民,把他们的工作给退伍军人干。"或是:"仅仅有一种把事情做好的方式。"心理僵化的受试者会立刻赞同这些主张。

对受试者做这些"僵化"测试之后,人们做了一些实验,旨在弄清楚他们知觉的特征。心理僵化的受试者同样显示出某种知觉的僵化。他们很难更改他们的态度,很难对一个问题的新材料做出新的考虑。他们倾向于把所有对他们显现为不同类型的经验都归结为他们已经实践过的经验类型。

例如,人们给他们看一些逐渐转换的电影画面,例如一只狗的影像逐渐变成猫。偏见强烈的那组受试者通常更坚决地坚持他们先前的知觉模式,觉察不到向他们所呈现图像的任何可观改变,即便是这些变化已经确实可以感觉到了。

更一般地说,受试者排斥所有种类的过渡现象。他即使没有直接服从呈现给他的刺激的变化,至少也应该注意到某种变化发生了,他即使没改变他的整体知觉,也应该觉察到图像正在得到重新组织。然而,他恰恰不愿认识这种过渡现象。

总之,自身怀有极端强烈冲突的受试者,正是那些看待外部事物时也不愿承认存在特殊的、含混的、冲突的和混淆的情境的人,因此人们可以说,过于强烈的情感矛盾在认识或知觉层面上表现为被感知物或观念过于微弱的含混。受试者越是具有情感矛盾,就越不承认事物及其景象中有含混性。情感矛盾拒绝理智的含混性。在理智含混性强烈的受试者那里,情感之基往往比其他受试者要稳定得多。

另一系列的实验旨在衡量受试者适应新类型问题的速度。人们训练受试者完成一些包含有某种解决方法的基本任务,然后向他提出一些看来是同样形式、但实际上可以通过另一种方法更加容易地得到解决的问题。只是,为了找到这另一种方法,需要受试者随机应变,并且能够根据情境所显现出的新东西来对情境作出回应。

他们也发现,心理僵化的受试者一般排斥对他们"线路"的修改。

为了更好理解这些研究的确切含义,有两点值得注意:

1) 研究者并没有说,心理僵化或在社会心理关系中的僵化,必然清晰地表达为知觉领域中的僵化。研究者在情感生活和主体间性与认知或知觉功能之间建立的关联要更加微妙,更加灵活。这两个领域之间总是存在某种关联,但这种关联并非总是单纯类比的关联。有些受试者是心理僵化的,但是恰恰在知觉领域用强大的灵活性**补偿**了这种僵化。两种现象总是相互关联的,但可以有几种方式:或者同样的结构处处可见,心理僵化表达为知觉的僵化;或者在另一些案例中,知觉现象不是单纯与情感现象相似,而是对之做出了补偿。无论如何,重要的是,两种现象始终只是一个整体的现象。

2) 研究者描绘了一种关于社会和政治意见的社会心理学,[①]

[①] 艾尔什·弗伦克尔-布伦瑞克(Else Frenkel-Brunswick)和桑福德(R. N. Sanford):"反犹太分子的人格(论反犹太主义的几个心理条件)"(La personnalité antisémite(Essai sur quelques conditions psychologiques de l'antisémitisme)),《现代杂志》,1950年10月,第60期,第577—602页。此前发表在《心理学杂志》上,1945年,第20期,第271—291页,标题是"反犹太主义的一些人格因素"。

并没有假设心理学**独自**就能够解决政治问题。她认为有一些受试者没有社会偏见,他们完全是"自由的",因为他们承认所有人皆兄弟,不应该强调黑人、犹太人或无论什么少数族群的恶品行,然而他们仍是"僵化的",因为拒绝看到人们之间最明显的**处境**差异,例如他们坚持自己生活和养育于其中的集体性。有一种抽象的或僵化的自由主义,坚持认为所有人都是**同一**的。

种族主义的观点必然与心理僵化相关,因为这种观点建立在一种幻想上,只能通过心理学机制得到解释。然而并非所有的政治立场都像这一观点一样可以还原为心理因素,并非所有政治问题都可以用心理分析来澄清。显示人们是心理僵化的,并非是其采取的这种或那种国家或历史概念,而是其采取一种论断或试图为之辩护的**方式**。

有一些自由主义者是真正的自由主义者,他们非常清楚地知道在不同文化背景的人们之间可能有不同的历史处境。由于他们具有成为所有人的可能性,所以这并不妨碍他们以同样方式对待所有人。然而如果他们不想达到有时与其目的相反的结果,人们的根本同一性就不会使得他们对可能出现的、在行动中需要认出的文化差异视而不见。

同样,使这位研究者认为一个受试者心理上成熟的,并非他具有或不具有含混性,而是**他处理其含混性的方式**。如果他对自身隐瞒这些含混性,逃避含混性,不正视含混性,那么他在心理学上就是僵化的。反之,如果他正视含混性,他就是成熟的。所有人都以某种方式是含混的。只是有些受试者拒绝接受和"内在化"他们的含混性。这就是真正的情感矛盾。而其他的受试者接受看到这些问题,接受这些在每个个体那里都会出现的不和谐特征。

为了确切地评价反犹主义、对黑人的种族偏见,研究心理学是不够的;为了评价各种政治学说,对采取这些政治学说的人进行心理学研究也是不够的。心理学描述了这些行为,然而并不能告诉我们这些行为所应用的主题的内在内容,它只能对这些态度作出描述。

我的目的与我利用其工作的研究者的目的不同,不是说明诸如知觉之类的认知功能可以通过个体所投入的社会建构**得到解释**,不是把一种现象归于另一种现象。因果性问题不能通过这些研究得到解决。这些研究只是建立了知觉方式和建构社会世界方式之间的关联,然而这种关联可以在两种方向上得到理解。要么我们可以理解为,因为受试者以僵化方式进行知觉,由于其构造性特征,他在社会领域具有我所谈过的事物二元化倾向和偏见;要么我们可以理解为,因为受试者以这样的方式来组织他与他人和社会世界的关系,才导致他以同类方式进行知觉。对于关联的观察使我们无法澄清这个问题。

然而应当理解,这个问题是**没有意义**的。为了使这个问题有意义,这两种事实应当能够得到分离。然而这是不可能的。实际上,具有偏见的儿童从一出生就受到其环境的塑造,服从于某种父母权威的实践。因此,无论何时,你们都无法完全不考虑表现在他身上的社会环境而把握到其知觉方式的纯粹状态。相反,你们永远不可能说,儿童形成其社会环境的方式与其遗传的或神经系统构造的天性毫无关系。毕竟是他构造了他的周围环境。儿童具有某种适应性,使他有时候通过为其周围环境问题寻求对他而言合适的解决办法,来对其周围环境的影响作出反应。因而受试者的内在特征总是介入他与外部建立关系的方式中。他绝非单纯由外部塑造,他自己对外部条件采取着立场。因此我们之所以拒绝对因果问题回答是或否,并不单纯出于原则理由,而是因为,在权利和事实上,都不可能在个人"自然的"东西和来自社会培养的东西之间设立沟壑,这两种现象领域实际上并非截然分明,而是一个单一整体现象的部分。

我们因此所关注的并不是把理智功能——就好像这些部分依赖这些功能似的——以某种单义方式与主体的社会关系相关联,而是要说明作为个体的单一整体筹划之不同部分的这两个领域现象的深刻关联,个体在这种整体筹划中建立了与中性知觉场的关联——我们可以认为其经验具有这种中性知觉场——以及与其人文和社会周围环境的关系。

我现在进入第二点事实,在我觉着它值得在这门课程的导论中被提到,即我们能够在理智发展、或尤其是语言习得与个体情感环境的构型之间建立关联。

我发给你们一篇《法国精神分析杂志》上的短文。[1]

罗斯丹从这样一个观点出发:首先,儿童最依赖父母的年龄,即两岁以前,与他习得语言的年龄之间存在着关联。有一个时期儿童对语言**敏感**,这时候他能够学说话;人们可以表明,如果儿童

---

[1] 弗朗索瓦·罗斯丹(François Rostand):"语法与情感性"(Grammaire et affectivité),《法国精神分析杂志》,第 14 卷,1950 年 4—6 月号,第 2 期,第 299—310 页。

在零岁到两岁之间没有一个要模仿的语言榜样,如果他不能处于一个说话的环境中,他就不能像那些在这个特定时期学会语言的人那样说话。这就是人们称为"野人"孩子的情况,他们被动物抚养长大,或是不能接触到说话的人。这些儿童从来没有学过说话,至少不是跟着我们在正常人那里听到的完美语言学说话的。这些聋孩子的再教育是迟到的,因此不是在"敏感"期学会说话的,永远不能像那些能听见人说话的人那样精确地说他们的语言。人们可以指出,再教育之后,在他们的句法或词法中有一些特别有趣的特殊性,例如,被动态的缺失或少见。

这使得我们可以推测,在似乎是严格理智活动的语言习得和儿童在熟悉环境中的介入之间可能有一种深刻的联系。这就是罗斯丹先生试图详细说明的关联。

在儿童与其母亲的关系和语言习得之间存在关联,这是一个普通的观察事实。意外并持久地与母亲分开的儿童总是显出一些语言上的退化现象。实际上,不仅"妈妈"这个词是儿童说出的第一个词,整个语言都可以说是母语。

语言习得的现象与和母亲的关系具有同样的风格,而与母亲的关系正如精神分析学家所说的,是一种认同的关系,主体把他所体验的投射于母亲身上,反过来又吸收了他母亲的态度,同样,我们可以说语言的习得也是一种认同的现象。学会说话,就是学会扮演一系列**角色**,就是承担一系列语言举止或姿势。

作者从多尔多-马雷特医生对一个妒忌儿童的案例观察出发。一个最年幼的孩子在弟弟出生的时候表现出妒忌。在新生儿出生的最初一些日子里,他把自己等同于弟弟,表现得像个新生儿:令人惊讶地发生语言退化,还有性格的退化。在接下来的日子,人们观察到一种态度的转变。他把自己等同于兄长并超越了他的妒忌:他采取了年长者的所有特征,对待新生儿采取了直到现在为止他自己兄长对待他的态度。妒忌由于一种幸福的环境而被超越了。碰巧的是,与此同时,在同一个家庭里,第四个孩子意识到自己的暂留处境。他比其他三个兄长都要高大。他显得比其他兄长都要大,夺走了兄长的绝对年长特征:兄长并非绝对高大的,因为有比他更高大的。他支持这种居中位序的人掌握了兄长地位的倾向。

因此人们观察到一种神经官能性口吃的治愈,以及一天天语言上惊人的进展。他学会了简单过去时、一般过去时、简单将来时和使用动词 aller 的将来时(je vais sortir)用法。罗斯丹先生回到这个观察,作出如下解释。当患者注意到新生弟弟的来临就出现了妒忌,这本质上是拒绝处境的改变:到来的新生儿是一个入侵者,把这个家庭中迄今为止原本属于他的位置据为己有。小弟弟的到来取消了他在家庭中的"角色"。在妒忌的"超越"阶段,人们看到情感现象和语言现象之间的关联:妒忌由于一种过去-现在-将来模式的构造而被超越。实际上,他的妒忌在于,将自己与自己的当下,即迄今为止自己是最后出生者的处境,捆绑在一起。他把这种当下当作是绝对的。人们可以反过来说,自从他同意了自己不再是最后出生者,同意与新生儿的关系变得跟他兄长迄今为止与他的关系一样,他就把"他占了我的位置"态度替换为另一种态度,其模式差不多如下:"我**曾经是**最后出生的,但是我**不再是**了,**我将变为**最大的。"人们认为,在这种赋予相应的语言工具以一种意义的时间结构的习得，与被超越的妒忌处境之间存在着相互关联。妒忌的处境对于患者而言是重新构造他与他生活中其他人的关系的机会，同时也是根据新的生存维度（过去，现在，未来）的灵活规则来习得这些不同维度的机会。

根据皮亚杰的观点，可以说为了超越妒忌，所有的问题都是"去中心化"的问题。患者迄今为止的关注中心是他自己，关注于他自己占据的最后出生者的处境。为了使他接受新孩子的出生，必须使他不再关注自己。但是这里的去中心化不像在皮亚杰那里首先是理智现象、纯粹的认识现象。这里涉及的是儿童在家族排列中的处境所激发的一种被体验到的去中心化。

我们还可以说，在解决妒忌问题中儿童所学会的，是把概念相对化。他必须把年幼或年长的概念相对化：他不再是**这个**年幼孩子，而是承担了这个角色新的孩子。因此他必须能够区分角色和个体，能够区分绝对的年幼和他变成的相对年幼。同样，他必须学会变成年长的，既然他相对于新生儿变成年长的了，那么至此年长概念就只有一种绝对意义了。

皮亚杰认为，儿童必须学会思考相互性。罗斯丹先生引用了皮亚杰的这些概念。然而这些概念获得了一个新的意义，因为对相互性、相对性和去中心化的学习在这里不是通过理智的分类活动进行的，而是通过生命层面的活动、通过儿童重建与他人关系的方式进行的。

罗斯丹先生在以上观察上加入了一个个人的观察。他注意到，一个 35 个月大的小女孩，在强烈的情绪（她独自散步的时候遇见一只大狗）之后有一种有趣的语言现象。两个月后，这种情绪似乎产生了结果：突然习得了某些表达方式，尤其是动词的未完成过去时，而她到目前为止本来一直没有掌握。

然而这一进展在一个更年幼孩子的出生后实现了，有待我们理解的是在这一语言现象、弟弟的出生和两个月前发生的情绪之间的确切关系。

孩子遇到的母狗正在哺乳幼犬。她遇到那只狗的时候，已经通过父母知道了两个月后她将有一个小弟弟或小妹妹。遇到母狗哺乳幼犬，这对她来说并非是一个无关的现象，而是将在她周围环境中发生的某种类似事物的可见象征。两个月后将发生的与小女孩有关的模式，父母-小女孩-小弟弟的模式，通过大狗-我小女孩-小狗的模式已经预示出来。对这一幕的观看首先由于与孩子将要身处的情境有关而具有意义。

实际上这种情况涉及到为了接受小弟弟出生而改变态度的问题。小女孩迄今为止是所有关注和爱抚的对象，对她而言关系到接受一部分关注和爱抚转移到另一个孩子并且甚至参与到这种态度中。问题是孩子要从一种占有态度，即接受而非给予的态度，过渡到对于即将出生孩子的一种奉献态度，即类似母亲的态度。对于孩子而言这是接受一种相对放弃，去面对她将来的、不再能有父母的专有关注的生活。简言之，对孩子而言关系到一种积极的态度，而迄今为止她的态度却是消极的。

与此同时产生的语言现象在这种视角下也可以得到理解。刚才我说了，人们看到孩子出生后出现了对未完成过去时的使用。然而其它更重要的现象是，人们看到出现了将来时的四个动词，也看到宾词"我"（moi）和主词"我"（je）的使用增加。将来如何通过小女孩的新处境而变得可能,因为这是一种具有侵略性的时间,是某人做出筹划、面对未来、进行承担而不是任其到来的时间。然而这恰恰是小弟弟的出生要求这个孩子具有的态度。宾词"我"和主词"我"的习得是自然而然的:这种习得说明主体采取更为个人的态度,相对地靠自己生活。最后,在小弟弟出生时习得的未完成过去时说明了,孩子变得能够理解并确定现在转变为过去。未完成过去时是一个过去的当下,它仍然被当作当下,不同于一个特定的过去。未完成过去时仍然在那里,对未完成过去时的习得因此预设了人们具体地把握从当下到过去的过渡,孩子就自己而言正在实现与她家庭的关系。实际上,在她弟弟出生后她所使用的所有未完成过去时都与这个婴儿有关。婴儿是这个姐姐在世界中曾经所**是**的位置。

当然,情绪只有在其给予主体机会以重构与人类环境的关系时才发生作用。如果所提出的问题并没有解决,如果主体显示出不能超越其妒忌或是不安,那么情绪就不能产生好的作用。反过来,可能有一些情况是主体没有发生明显情绪就在语言上取得了进展,但是语言的进展往往具有一种不连续的特征,表达模式的习得往往代表着一种危机,整个表达领域一下子联结起来。

总之,我们关于世界经验的理智加工时常需要受我们人际关系影响的活动的支持。对某种语言工具的使用,处于主体与其人类周围环境的关系所构成的力场中。主体所达到的语言使用密切依赖于(正如精神分析学家所说)儿童每个时刻在家庭和人类环境力场中所处的**位置**。

还有,这里的问题不是因果解释。不是说语言的进展通过情感进展得到**解释**,像膨胀通过热得到解释一样。我们可能回答说,他自身的情感进展也是理智进展的功能,整个理智发展使得某种情感进展成为可能。这也许是真的。

同样,我们也不能寻求因果解释。我试图展现两种现象的相互联系,而不是要把一种现象还原为另一种现象,像传统上经验主义和理智主义的心理学家所做的那样。儿童从家族排列那里所获得的经验、他自己的经验,所给予他的不仅是对人类存在者之间某种关系的单纯记录。儿童在接受并告知其家庭关系的同时理解了一种思维形式。这也是语言的一种使用,是知觉世界的一种方式。

Ⅰ 理论问题

在研究儿童和父母之间、儿童和其同类——其他儿童、兄弟和姐妹、或外国儿童——之间建立的不同关系之前，在描述和分析这些不同关系之前，需要提出一个原则性的问题，即：儿童是在怎样的条件下接触他者、接触他人的？儿童这种他人关系的本质是什么？这种关系从生命最初开始就如何是可能的？

这里有一个困扰古典心理学的问题，它可以说是古典心理学的绊脚石之一，因为坚持学院心理学的理论观念已经被证明是不可能解决这一问题的。

古典心理学中的这个问题是如何提出的呢？由于心理学的预设，以及由于心理学未经批判就首先采用的偏见，与他人的关系变成了不可理解的。实际上，对于古典心理学而言，心理现象，他人或我的心理现象，首先是什么？古典时期的所有心理学家都默认这一点：心理现象或心理的东西是**被给予一个单独个体的东西**。似乎我们可以不经其它审察和讨论就承认，在我之中构成心理现象的东西与在他人中的一样，是不可交流的。在我之中的心理东西我是独自把握的，例如我的感觉，我关于绿色的感觉、红色的感觉，你们永远不能像我认识红和绿那样认识红和绿，你们永远不能代替我去体验它们。结果是，他人的心理现象在我看来就是彻底不可通达的；至少其存在本身是不可通达的。我不能达到其它的生命，其它的思想，因为根据假设它们就只向单独个体的审察所敞开，单独个体是它们的所有者。

由于刚才我们所说的原因，我不能直接通达他人的心理现象，因此必须承认，我只能间接地通过他们的身体表象来对其进行把握。我看见你们有血有肉，你们在那里，我不能知道你们在想什么，但是我能假定你们在想什么，根据你们外貌、姿势、言语的表达，即根据我所见证的一系列身体现象来猜测你们在想什么。

问题因此变为这样：为何面对这个像人的人形、面对以某种特征化方式做姿势的这个身体，我终于认为这个身体为一种"心理现象"所寓居？（我特意使用心理现象这个模糊的词，为了不使用更精确的词来暗示关于意识的任何理论。）那么我如何最终把面前的这个身体当作一种心理现象的外壳？我如何能通过这个所谓的身体知觉到一种陌生的心理现象？我们采用的古典心理学关于身体和意识的概念，是解决问题的第二个障碍。我们想讨论**体感**的概念。人们把它理解为一堆感觉，表达了主体的不同器官状态，身体的不同功能状态。因此我的身体对我而言，你们的身体对你们而言，是通过一种体感的中介得到把握、成为可认知的。

假设一些感觉和心理现象一样是**个体性**的，也就是说，如果我的身体确实对我而言只能通过一些感觉而得到认识，这些感觉是我的身体给予我的，你们显然没有任何方式可通达它，我们对之也没有任何具体经验，那么我对我的身体的意识对于你们是不可穿透的。你们无法想象我如何感知我自己的身体；我也不可能想象你们如何感知你们自己的身体。那么我如何能假定，在我面前的这种表象后面存在着某人,他对他身体的体验与我对自己身体的体验一样?

古典心理学只有一种办法,就是假定,我观察他人身体在我面前所做的姿势、所说的话,把他如此给我的信号、他向我呈现的表情的表达整体当作某种辨识的理由。我在看到、听到其特征性的姿势和话语时,在这个他人身体背后实际上投射了我从我自己身体中感觉到的东西,要么涉及真正的观念联想,要么涉及的不如说是我对这些表象进行解释的判断,我把我在自己身体中具有的内在经验转移到他人。

对他人的经验的问题其实是一个系统问题,其中有四个概念:我;我的"心理现象",这是我借助触摸或我们所说的体感而对我身体产生的印象,简言之我自己身体的内感觉印象;第三个概念是,我所见的他人身体,我们所说的视觉身体;最后,第四个概念是假设的,他人的"心理现象",恰恰是我重构、猜测他人在其自身存在中所具有的情感,正如我能通过他人借助其视觉身体向我提供的表象来对之进行假定和想象一样。

这样一来,问题中的所有困难就出现了。

困难首先是,把我的认识或我对他人的经验与一种联想、一种判断相关联,我通过联想和判断把我内在经验的材料投射在他人中。对他人的知觉的出现相对是很超前的。我们并不是早早就自然能够精确认识他人向我们呈现的每个情感表达的**意义**。这种精确认知可以说是很晚才出现的,但是很早就出现的是我冒着搞错其真正所指含义的危险、知觉到一种表达这一事实本身。儿童很早就感知到外貌的表达,例如微笑。如果说为了达到对微笑整体含义的理解,例如微笑基本上指的是善意,儿童做了我刚才所讲的复杂工作,即从他所具有的他人微笑这一视觉知觉出发,把他人这种可见的表达与他自己高兴或具有善意时所做的动作联系起来,在他人身上投射了他所具有内在经验、但却不能直接在他人那里把握到的一种善意,那么这怎么可能呢?这种复杂过程与对他人的知觉的相对超前似乎不能兼容。

而且为了使这种投射得以可能,为了使投射得以发生,我必须立足于他人向我提供的外貌表达和我自己的外貌姿势之间的类比。例如就我们所说的微笑来说,为了我能够解释他人的可见微笑,必须能够把他人的可见微笑与我们所说的"动力微笑"——在儿童的情况中,就是儿童自身所感觉到的微笑——相对照。然而,我们真的有办法在视觉知觉中显现的他人身体与我通过内感觉和体感所感觉到的我的身体之间进行比较吗?我们有办法在我所见到的他人身体和我所感觉到的我的身体之间进行系统的比较吗?为了使其可能,两种经验之间必须存在一种近乎是规则的对应。然而,儿童在他的身体中只有一种视觉经验,相比动觉或体感的触觉感觉而言,这种经验是完全微不足道的。他身体的很多区域是他看不到的,有些区域他永远看不到,永远只能通过(我们刚才所说的)镜子的中介来认识。因此两种身体印象之间的对应绝不可能是精确的。为了理解儿童如何最终能对两种身体印象进行比较,不如说必须预设他为了做到这一点而具有这些单纯细节原因之外的原因。他之所以能够把他人的身体和他自己的身体等同于身体,等同于有生命的身体,这只是因为他整体地进行等同,而不是因为他在对他人的视觉印象和对自己身体的内感觉印象之间点对点地建立了对应。

当涉及到模仿现象，这两个困难就尤其明显。模仿，就是按照他人做的姿势来做一个姿势，例如儿童因为人们对他微笑而微笑。根据我们刚才假设的原则，我必须把从他人的微笑里获得的视觉印象，翻译为一种动力语言。儿童必须运动他脸上的肌肉以便再现所谓他人微笑的可见表达。但是他怎么做到这一点呢？他自然没有他人脸上具有的内在动力情感，而他自己微笑的时候，也没有他自己微笑的视觉印象。如果我们要解决一个行为从他人转移到我身上的问题，绝对不能根据他人的脸和儿童的脸之间的类比。

只要我们摒弃某些古典的偏见，问题反过来就会接近解决。必须摒弃心理现象只对个体通达的基本偏见，我的心理现象只能对我通达，不能从外部被看到。我的"心理现象"不是严格封闭于自身并对所有"他者"都不可穿透的一个"意识状态"系列。我的意识首先转向世界，转向事物，首先是与世界的关联。对他人的意识首先也是一种对待世界的方式。所以正是在他人的行为中，在他人对待世界的方式中我能发觉到他。

如果我是一个转向事物的意识，我可能遇到一些他人的行为，并在这些行为中发现意义，因为这些行为对我自己身体而言是一些可能活动的主题。纪尧姆[1]说，我们首先模仿的不是他人，而是他人的行为，我们在他人行为的原点发现了他人。儿童首先模仿的，不是某个人，而是一些行为。一个行为如何能够从他人转移到我的问题，远不会比这样的问题更难：我如何能向自己再现一种对

---

[1] 《儿童的模仿》(*Imitation chez l'enfant*)，法国大学出版社，1969。

我而言彻底陌生的心理现象。如果例如我看见他人在勾勒一幅画,我能够把这种描线理解为一个行为,因为它直接根据一种固有的运动机能进行表达。诚然,他人作为一幅画的作者,还不足以成为一个人,有些行为比这更富有启示性:例如语言行为。关键是看到,自从我把他人和我自己定义为在世界中起作用的行为、定义为对围绕着我们的自然世界和文化世界的某种"把握",一种视角便向他人敞开了。

但是这不仅意味着对心理现象概念的一种革新(从此被行为的概念所代替),而且也意味着对我们关于自己身体观念的革新。如果我的身体应当能够接受被给予我的那些行为景观,那么它必须不再作为一堆严格私有的感觉,而是通过人们称为"姿势图式"或"身体图式"的一种东西被给予我。这个概念很久以前就为海德所提出,瓦隆和一些德国心理学家又重新采用并加以丰富,最后变为莱尔米特教授一项研究的对象。①

对于这些研究者而言,我的身体根本不是一种感觉(视觉、触觉、"暗觉"[ténesthésique]、"体感"等)的集合体。身体首先是一**种系统**,内感觉和外感觉的不同方面在其中相互表达,这个系统甚至包含一些至少是粗略的与周围空间及其主要方向的关系。我所具有的关于我身体的意识,并不是孤立的一整个意识,而是一个**"姿势图式"**,是与我身体所处环境的纵向、横向,即某些重要坐标轴相关的身体位置的知觉。

而且,我的身体知觉所涉及到的这些不同感官领域(视觉、触

---

① "我们的身体形象"(L'Image de notre corps),《新批评杂志》,1939。

觉、关节灵敏度等等），并非作为相互绝对无关的领域向我们呈现的。即使在生命的第一年和第二年，一些感官领域在另一些感官领域的翻译体现是不精确和不完整的，它们也仍然具有某种共同的行动**风格**，某种使其整体成为已经具有组织的整体的**姿势**意义。因此，我关于我自己身体的经验可能比古典理论中的**体感**更容易向他人转移，并且正如瓦隆所言，导致我自己的身体被我所见证的行为"姿势同化"。

我能够通过对他人的视觉印象知觉到这个他人是一个机体，这个机体为一种"心理现象"所栖居，因为这种对他人的视觉印象通过我对自己的身体观念而得到解释，因而显得像是另一个**身体图式**的可见外表。我对我身体的知觉可能会陷入一种严格说来是个体性的体感中。相反，如果说问题是一个图式或是系统，我对自己身体的感觉就相对地可以从一个感官领域移置到另一个感官领域，也可以向他人领域转移。

因此根据今天的心理学术语，我们有一种双项的系统：我的行为，他人的行为，以及作为一个整体而起作用的行为。随着我加工、构建我的身体图式，随着我从我自己身体中获得一种更好地组织了的经验，我从我自己身体获得的意识，将不再是一种混乱，而适合向他人转移。并且由于同时所知觉的他人不再是一种封闭于自身的心理现象，而是一种行为，一种与世界相关的行为，他自己引起了我动力意向的捕获和我借以激活他并传递给他的"意向违抗"（胡塞尔）。胡塞尔说，对他人的知觉正如一种"配对现象"。这个词差不多是一种隐喻。在对他人的知觉中，我的身体和他人的身体成双成对，作为一个双重行为而得到实现：这个行为我只是看到它,在某种意义上我远远看到它,我自己也做出这个行为,我重新把握它或理解它。反之亦然,我知道我自己所做的姿势也可能成为他人的意向对象。我的意向传递给他人的身体,他人的意向传递给我自己的身体,他人的身体被我异化,我的身体被他人异化,这样使得对他人的知觉成为可能。

所有这些分析都承认,如果我们从开始就预设了**完全地**意识到自己的**自我**和他人,他们因此都自认为相对于另一个具有绝对的原初性,那么我们是不可能说明对他人的知觉的。相反,如果我们预设了心理发生开始于这样一种状态,儿童不知道自己和他人是有区别的,那就能够解释对他人的知觉了。我们不能说从此儿童就真正地与他人进行交流了。交流需要在交流的人和被交流的人之间有明确的区分。但是最初可能有一种**前交流**的状态(马克斯·舍勒),他人的意向在某种意义上通过我的身体而起作用,我的意向通过他人的身体而起作用。

这种区分是如何发生的呢?我逐渐意识到我的身体,意识到它与他人的身体截然不同,然后我开始在他人的外貌表达中体验到我的意向,反过来也在我自己的姿势中体验到他人的意愿。儿童的经验发展使他觉察到他的身体完全封闭于他,尤其是他从自己身体那里获得的视觉印象(尤其是在镜子里面看到的),向他揭示了一个主体面对另一个主体的彼此隔绝,而这是他开始没有揣测过的。自己身体的对象化向儿童显现了其不同、其"孤立",与此相关,他人的身体也是如此。

发展过程差不多是这样的:第一阶段,我们称为前交流,在这个阶段不是一个个体面对另一个个体,而是有一个匿名的集体,一种无区分的多重生活;然后,在这种原初共同体的基础上,一方面通过自己身体的客观化,另一方面通过他人差异性的构造,出现个体的隔离、区分,我们后面将会看到,这是从未完全实现的过程。

当代心理学许多流派都有这类观念;我们在纪尧姆那里,在瓦隆那里,在格式塔心理学家那里、在现象学家、精神分析学家那里都能看到。

纪尧姆①说明了,我们不该从一开始就把意识想象为对自身的明确意识,或是封闭于自身的意识。最初的我是一种虚拟的或潜在的我,即并不了解其绝对差异性,因为对自身作为无人能替代的个体的意识,是很晚而非最初出现的。原初的我是虚拟的或潜在的,自我中心主义绝不像这个词所意味的那样是明确把握自己的自我态度,而是一种对自身无知、活在他人之中、也活在他自身中的自我态度,——而是由于不知道其分离、实际上既没有意识到他人也没有意识到自己的自我态度。

瓦隆提出一个类似概念,他称为"融合社交性"。融合在这里指不区分自我和他人,二者在我们共同的处境内部相混同。然后自己身体的对象化才起作用,在他人和自我之间建立一道墙、一种隔阂,从此以后我不再与他人的所思相混同,尤其是不再与他人对我的所思相混同,同样,我也不再把他人与我的所思相混同,尤其是与我对他人的所思相混同。然后在他人和我之间就像在所有人类存在者之间的两个人类存在者一样,才有构造和关联。

最初的我对自己是完全无知的,但他越是不知道自己的界限,

---

① 《儿童习惯的形成》,法国大学出版社,1973。

同时就越是专横,而成人的我相反是一个认识到自己界限的我,同时又具有能力超出其界限去真正地进行共情,而这种共情至少**相对**有别于最初的共情。最初的共情建立在对自己的无知上,而不是建立在他人知觉上,而成人的共情发生在"他者"与"他者"之间,并不意味着取消自我和他人之间的差异。

Ⅱ 建立一种身体图式并开启对他人的知觉:从零岁到6个月的儿童

　　从前面的讨论可以得知,在自己身体意识和对他人的知觉之间存在关联。意识到我们有一个身体,意识到他人的身体由于另一种心理现象而具有活力,这两种作用不仅是对称的、合逻辑的,而且实在地形成了系统。这两种情况涉及的是意识到所谓的化身。一方面,我觉察到自己有一个从外部可见的身体,对于他人而言,我不过是一个在空间某处做出姿势的人体模型,另一方面,我觉察到他人具有心理现象,即我看到的在空间某处做出姿势的人体模型的身体,由于另一种心理现象而具有活力,这是一个唯一整体的两个环节——这不意味着儿童的这整个现象经验不可能首先在一个方面上具有优势,而是说无论如何从一个方面实现的进展会使得整体失衡,成为推动系统剩余部分后来进展的辩证性因素。这里存在着互补作用,我对自己身体的经验和对他人的经验形成了一种整体性,构成了一种"形式"。这样说的意思自然不是说对他人的知觉和对自己身体的知觉总是同步进行,以同样的节奏发展。而是相反,我们注意到,对自己身体的知觉先于对他人的承认,因此如果两者形成了一个系统,这是在时间中得到表达的系统。说一种现象是形式(格式塔)的现象,不意味着形式是其不同的方面之中所固有的,或甚至是诸方面中的一个单一方面所固有的,而是说形式根据**内在**平衡法则、根据**自组织活动**而产生。格式塔心理学家没有把"形式"概念的使用局限于瞬间和当下。相反,他们坚持形式现象是处于时间(旋律)中的。我刚才说了,对自己身体的知觉先于对他人的知觉,儿童注意到自己的身体,先于注意到他人的外貌表达。这并不妨碍两种现象是内在关联的。随着对自己身体知觉的发展,产生了一种不平衡:借助于它对他人印象的回响,激发了对他人知觉后来发展的召唤。对自己身体知觉在对他人的知觉似乎占据统治地位的另一个阶段中得到了回响,以此类推。两种现象很可能形成一个系统,尽管它们只是先后得到强调。在每个发展阶段中已经包含了一些萌芽,这些萌芽已经酝酿着对之进行超越。说现象是一种形式的现象,绝不意味着现象在其每个阶段都是绝对静止的。所有形式(例如我们在空间中知觉到的形式、颜色的形式),实际上受到不同方向的力的作用。失衡的状态可能首先极微小,不产生任何明显的变化。然后,当这种状态超出了某个阈限,变化就发生了。同样,在每个发展阶段的内部,都很有可能有某种东西,预示着下一个阶段,将激发出一个系列的重构活动。形式的概念本质上就是动态的。

让我们依次考虑对自己身体的知觉的状态和对他人的知觉的状态。

1. 从零岁到 6 个月的自己的身体

正如瓦隆在他卓越的分析中指出的,[1]身体起初是内感觉的。

---

[1] 《儿童性格的起源》(*Les Origines du caractère chez l'enfant*),PUF 出版社,1949;"战车"丛书,第 53 辑,1993。

它在儿童生命的最初阶段产生，在此期间，外感觉（视知觉、听知觉，所有与外部世界相关的知觉）即便开始发生作用，无论如何也不能与内感觉协同作用。内感觉是这个阶段最好的把我们置于与事物关系中的方式。在儿童的生命之初外部知觉是不可能的，原因非常简单：视觉调节不充分，眼部肌肉调控不充分。

正如人们所说，身体首先是口腔身体。斯坦因甚至谈到在儿童生命之初的一种口腔空间，意思是说，嘴可能包含或探索的空间对于儿童而言就是世界的边界。我们可以更广泛地说，就像瓦隆所说的，身体已经是一种呼吸的身体。不仅是嘴，还有呼吸器官的活动，给予儿童以某种空间体验。然后身体的其它区域才参与进来，得到了强调。例如，所有与表达功能相关的区域，在此后几个月里具有了极度重要性。在外部知觉材料和内感觉材料之间产生融合之前，内感觉身体起着外感觉的作用。换句话说，这差不多就类似精神分析学家所说的，在最初的体验中，儿童与母亲乳房的关系是与世界的最初关系。

只是到了 3 月龄到 6 月龄，外感觉和内感觉这两个区域之间才开始产生融合。不同的神经通道并非在一出生就能起作用。这种作用所需要的髓鞘形成、尤其是我们现在所说的纤维联结，要晚些时候才能发生。它发生在 3 月龄到 6 月龄，以便那些提供不同感觉材料的器官之间进行联结，以便外感觉器官和内感觉器官之间进行联结。

直到此时，知觉还是不可能的，因为知觉需要某种最低程度的平衡。姿势图式的作用，即关于我身体空间位置的整体意识的作用，以及每个时刻都具有的校正反射，对我的身体空间性的整体意识,这些对于知觉而言都是必不可少的(瓦隆)。实际上,平衡作用往往伴随着我们的知觉,除非在背平卧位的姿势时。然而瓦隆注意到,尤其在儿童那里,背平卧位姿势时思想或知觉通常消失了,因为他睡着了。运动机能和知觉之间的关联显示出,在何种程度上可以说这两种功能只是同一个整体的两个方面,可以说对开端及世界的知觉与对自己身体的知觉形成了系统。

即便必要的融合已经实现,不同区域的身体意识精确度之间仍然还存在着可观的间距。例如,你们知道,髓鞘形成的发生在对应于脚部活动的神经纤维上晚于对应于手部活动的神经纤维,延迟大概有 3 周左右。同样,在手的发育情况中,左手相对于右手又会有一些轻微的延迟,延迟大概有 26 天左右。因此儿童有一个时期是具备了关于右手运动的精确知觉的生理条件,但却不具备左手运动的精确知觉的生理条件。

因此,儿童对自己身体或身体部位的真正关注是相对较晚才出现的,也就不奇怪了。只有在儿童生命的第 115 天,也就是说第 4 个月左右,人们才观察到他开始真正关注自己的右手。只有在儿童的第 23 周,也就是大约第 6 个月左右,人们才看到他系统地用一只手对另一只手进行探索。例如,在这时候,他用左手抓住右手,停下活动,注意地看自己的手。在第 24 周,即第 6 个月末,他才会对于在他手边的手套而感到困惑,人们看到他对手套和自己的手进行比较,注意地看他自己移动的手。所有这些体验都旨在帮助儿童熟悉他进行触摸的手和被触摸的手之间、可见的身体和内感觉所感觉到的身体之间所存在的对应关系。

自我身体意识因此最初是不完全的,它一点点整合起来,身体图式一点点变得准确、得到重构和精炼。

2. 从零岁到 6 个月的他人

建立身体图式同时也就是建立对他人的知觉。根据纪尧姆[①]的观点，对他人的反应［是（？）］几乎是非常早就出现了。说真的，纪尧姆所描述的这些对于他人的最初反应形式并非与对他人的视知觉相关。而是对应于内感觉材料。纪尧姆说，人们观察到从出生第 9 天到第 11 天之间，儿童对面孔和瞬间微笑有一种惊讶和关注的表达。人们能观察到，在第 16 天儿童在他母亲、保姆或是父亲怀里的态度是不同的。

瓦隆认为，这些不同的态度所涉及的不是他对于母亲、父亲或是保姆的真正外感觉知觉，而是儿童在其身体状态中感受到的不同，根据保姆的胸脯在或不在、也根据每个人怀抱他的方式感受到的舒适而不同。

瓦隆认为，在 3 月龄之前，儿童都不会有对于他人的外部知觉，因此应当承认的是，例如，我们看到儿童因为某人离开而哭，这是因为他有一种"完整性被夺的印象"。他并不是真正地知觉到在那里的人，而是某人离开的时候他被剥夺了完整性。这种负面经验并不意味着之前他明确地把他人知觉为他人。与他人的最初外部接触只有外感觉性才能真正地给出。当他人只是由于婴儿被抱得更紧或更柔和而在其机体中被感觉为某种舒适，人们就不能说

---

① 《儿童的模仿》，同前引。

他人被知觉到了。

相关的最初外感觉**刺激**是声音。随着声音，开始了一些反应，人们也许可以把这些反应界定为**对于他人**的反应。儿童听到的人类声音最初引起他哭嚎，因为他感到害怕，然后，两个月之后，人类的声音就会引起微笑。两三个月后，人们还观察到，望向儿童的目光引起他微笑。这时候儿童至少有一种对目光的知觉，就像某物使他获得了完整。同样在这个月龄，由于某种哭嚎的传染，儿童用哭嚎来回应另一个儿童的哭嚎，这种现象随着对他人的视知觉发展起来后就会消失。几乎同样在这个月龄，儿童由于房间里的任何在场的人离开而哭泣，而不是像一出生时那样仅仅由于保姆或给他喂奶的人离开而哭泣。

瓦隆指出，在两个月零 5 天时，人们观察到对于他人的确实无疑的视觉经验，只要父亲在熟悉环境里出现，儿童就能在两米距离认出父亲；在不熟悉的环境中他就不能认出父亲。在 3 月龄的时候，儿童通过哭嚎来招呼所有进入他房间的人，即便不是他所期待其照料的人。

在与其他儿童的关系上，情况大概是这样的。我刚才说过，在两三个月龄时哭嚎会在一个婴儿和另一个婴儿之间相互传染，然后，随着对他人的视知觉发展起来，这种哭嚎的传染消失了。因此，儿童在 3 月龄以后，哭嚎的传染比 3 月龄之前要罕见得多，一个婴儿可能冷漠地看着另一个婴儿哭。

对他人的观察最初体现为对**诸身体部分**的凝视。儿童注视他人的脚、嘴和手，他注视的不是人。观察者朝向身体的部分的目光和朝向他人的目光之间的差异在直观上是很明显的，这种朝向他人的目光试图如其所是地把握他者。对他人身体部分的审视会极大丰富儿童对于他自己身体所可能具有的知觉。6月龄之后,人们看到他系统性地将他可能通过视觉而对他人机体具有的不同认知转向自身。5月龄时,同样大的儿童之间并无任何友善之情。而6月龄时,儿童看着另一个儿童的脸,人们会觉得这次他是在知觉另一个人。

Ⅲ 6月龄之后:对自己身体的意识和镜子影像

现在要描述6月龄后的阶段,这个阶段与第一阶段相比,特征非常鲜明:对自己身体的知觉将得到极大的改善,尤其是因为儿童开始理解他身体在镜子中的影像;这是非常重要的一个现象,因为镜子向儿童提供了一种对于自己身体的知觉,这是他借助自身手段永不可能具有的知觉。另一方面,与他人的接触也得到极其迅速的发展,因此瓦隆说,在6月龄到1周岁这个阶段有一种真正的**不克制的社交性**(sociabilité incontinente)。

自我-他人的融合系统(6月龄之后)

我们现在来平行地考察从6月龄开始的对自己身体经验的发展(其内感觉方面及镜子影像)和对他人意识的发展。

1. 镜子影像

对自己身体意识的发展的主要情况是获得了自我身体的表象或视觉影像,尤其是借助镜子的影像。我们首先关注儿童对这种镜子影像的研究、认识及认识的不同程度。

在这一点上,动物的行为和儿童的行为形成对照。人们不能说动物对镜子影像没有任何关注,或是它们对于镜子影像没有任何行为,而是说动物的行为与儿童的行为非常不同。首先是普莱尔在他以前的书中提到的情况。一只土耳其鸭在其伴侣死亡之后,习惯于站在反射出其身体的玻璃镜前面。瓦隆认为[①],这种行为并不能与人们在儿童那里发现的行为相提并论。动物由于雌性的死亡而"被剥夺了完整性",通过在玻璃窗里看到的自己的影像来重新使自己变得完整,它并没有把这种影像当作它自己的影像,因为这种影像能够代替另一个活的存在者的位置,就像是它面前的第二个动物。或者反过来,人们还可以说,如果玻璃镜里的影像真的对动物而言代表了过去它妻子影像所代表的东西,那么当它知觉到这个影像的时候,妻子对它而言就只是一种它自己的镜中影像。在这两种情况下,都还没有出现我们待会儿要定义的儿童的那种特征化行为。

瓦隆报道了两只狗的镜像行为。当其中一只狗看见它的镜中影像时,对影像表现出害怕和逃避的反应,转身跑掉了。而当另一只狗观看镜像的时候,它的主人抚摸着它,它停止不动,安安静静,同时人们看到它把头转向抚摸它的主人。它所知觉到的镜中影像对它而言并非另一只狗,也不是**它的**视觉影像。视觉材料对它而言是一种补充,一旦主人的抚摸提醒它注意自己那通过"内感觉"而被给予的身体,它就忽视了镜中影像,转向主人。

换言之,这里动物也不表现出关于象征的、像这样的外部影像的特征化行为。在镜子面前,它很快就困惑和迷失,离开其影像而

---

① 《儿童性格的起源》,同前引。

Ⅲ 6月龄之后：对自己身体的意识和镜子影像

回到对它而言是基础性的感觉材料，即内感觉经验。

黑猩猩在镜子面前的行为也得到研究，尤其是科勒在他精彩的《高级猴子的智力》①中。他指出，黑猩猩在镜子面前，注意到镜子里有一个影像，伸手到镜子后面，当它在这个影像后面什么也没发现后，就表现出不满意的样子，从此固执地拒绝对镜子感兴趣了。瓦隆解释说，当黑猩猩——通过用手探索，这种探索可能向它们证明了那里并没有另一个身体，而确确实实只是一个影像——获得影像意识，即把镜子里发生的事当作它们真正身体的单纯反射或象征，它们就离开这个对象，把其当作陌生的东西。它们几乎没有把影像当作影像的意识。

然而科勒指出，黑猩猩似乎能在人们给它看的自己肖像中认出自己。也许本该重新对这种现象进行实验研究，看看是否在黑猩猩那里确实存在着肖像意识，以及，如果存在的话，为何它们不能达到对镜子影像的完全意识。

我们认为，这些行为可以与儿童的行为形成对照。

我们首先不是考虑儿童所具有的自己身体的镜中影像，而是他所具有的他人身体影像。人们观察到，儿童更快地获得的是他人的身体影像，他对他人的镜中影像和他人身体的现实作出的区分，要比对他人身体和自己身体作出的区分快得多。因此可能是他所具有的他人镜像的经验有助于他认识自己的镜像。

纪尧姆认为②，对他人镜像的意识可能很早就出现了。他注

---

① Alcan版,1927;P. U. F.-C. E. P. L.新版,1973。
② 《儿童的模仿》,同前引。

意到，在刚出生的最初几个星期里儿童会在镜子面前做鬼脸。瓦隆认为，要到儿童 3 月龄末，人们才能观察到纯粹的镜像反应。

首先是对镜像的单纯凝视反应（将近 4 或 5 月龄时）。然后是对同样影像的注意反应。同时，人们观察到，例如，儿童对于弗朗斯·阿尔斯的一幅肖像有反应。最后，在 6 月龄后，人们看到出现了一些不同于模仿或是情感的反应，一些真正的行为，例如（在 5 或 6 月龄以后）下述行为：

一个孩子对着镜中他父亲的影像笑，此时父亲对他说话，孩子显得很惊讶，转向父亲。因此似乎此时他在**学习**某件事。他究竟在学习什么呢？他惊讶，也就是说，在父亲对他说话之前，他对镜像-原型之间的关系没有明确的意识：他惊讶于声音来自的方向不是镜中可见影像的方向。他对这种现象的关注其实显示出他正在学习某件事，而这不是单纯训练的问题。人们可能会忍不住说，我们看到的是一种条件反射的组合，镜子影像变为"可理解的"，因为影像变为首先由父亲所引起反应所规定的**刺激**。在瓦隆眼中，这不可能是一个盲目训练的问题，也不是影像的理智吸引的问题。人们肯定不能说孩子把握了影像和原型之间的完全清晰的关系，或说他学会了把镜子影像当作父亲可见部分的空间投射。我们所谈论的接近 5 月龄或 6 月龄所发生的经验，并没有让孩子具有一种稳定的行为。瓦隆所研究的孩子，一周以来他一直从镜像转向父亲，几周后他仍然试图用手抓住镜子里的影像，这意味着他还没有把这个影像等同于仅仅可见的"单纯影像"。

人们可能会说，在儿童学习的这第一阶段中，他赋予了影像和原型以一种相对独立的存在。存在着原型，是父亲的身体，现实的父亲；在镜子中有第二种存在，就像是一个复本或是影魂，通向父亲，这种影像不能归结为外部空间中光线或颜色的单纯反射条件。当孩子从镜子转向父亲时，可以说他在影像中认出了父亲，但他是以完全是实践的方式认出的。他转向父亲，因为声音从那里传来，但是不能说他还剥夺了镜像的准现实性，剥夺了其影魂式的存在，这种存在是镜像首先为他引出、而我们能尝试着借助某种原始思维的类比来描述的。影像因而是一种比父亲现实身体的存在更少的存在，然而却是一种边缘性的存在。

现在我们来考虑对自我身体的镜像习得。将近 8 月龄的时候，因而是晚于对他人镜像认知的时候，人们清楚地观察到儿童对他在镜子中的影像有惊讶的反应。在 35 周大的时候，儿童还向他在镜中的影像伸手，当他的手碰到玻璃的表面时显得很惊讶。同样大的时候，当人们叫他时他会看自己在镜中的影像。影像被认为具有的现实幻觉、准现实性还存留着，而几周以来，儿童已经从镜像转向父亲，正如我们刚才说明的。这就证明了，如果儿童有一种适应性的反应，这并不意味着他已经从影像中习得了象征意识。

为何对自己身体的镜像比对他人身体的镜像出现的更晚呢？我们这里一直追随瓦隆的分析，他说，因为在自我身体方面，有待解决的问题要困难得多。儿童有两种关于父亲的视觉经验，观看他而获得的经验和从镜中获得的经验。在他自己身体的方面，镜子的影像就是唯一的全部的视觉材料。他可以看到他的手，他的脚，但是不能看到他的整个身体。因此对他而言，问题是理解他从镜子里面看到的身体视觉影像并不是他，因为他并不在镜子里面，他在那里进行着自我感知；第二，他必须理解，虽然他并不处在镜子里，而是处在他通过内感觉进行自我感知的地方，但他又是出于一种外部证据、**在他进行自我感知的这同一个点上**、在镜子提供给他的视觉外观下得以可见的。

因此，根据瓦隆的看法，人们应当承认，比起在他人影像的情况中开始把镜像看作身体的真正复本，儿童更多在自己影像的情况中开始把镜像看作身体的真正复本。

许多病理学现象证明了这样一种对自己的外部知觉，这样一种"自我幻视"。首先在许多梦境里就是这样的，主体自己扮演了接近可见的角色。在临终者、某些临睡状态或溺水者那里，也有这类现象。我们看到病理学案例中出现的这些现象，可能类似于儿童对于自己镜中视觉身体的原初意识。"原始人"会相信同一个人在同一时间出现在不同的地方。对于我们而言难以理解的**分身术**的可能性，可以通过镜像的最初形式得到阐明。儿童知道在那里的是他的内感觉身体，然而他在镜子里面也看到了奇怪地以可见外形出现的同样存在者。在镜像中有一种空间模式，它完全不同于成人的空间模式。瓦隆说，那里好像有一种黏附于影像的空间。所有的影像由自身延伸至显现在空间中，镜子影像也是如此。这种内在的空间性，根据瓦隆的看法，是随着理智发展而减弱的。我们逐渐学会把镜像降低为内感觉身体，相应地，把影像的准位置性、前空间性当作一种相对于真正事物的唯一空间而言并没有价值的表象。可以说，我们的理智对空间的价值进行重新分配，我们学会把一些最初看来出现在不同地方的表象视为来自同一个地方。这样一种理想的空间代替了黏附于影像的空间。新的空间必须是理想的，因为对儿童而言，问题是理解，那个在不同地方、具有存在样子的东西确实就是那个只有在过渡到一个更高级层面的空间性——而这种空间性不再是影像占据其本来地方的直观空间——时才能形成的、处于同一个地方的东西。

理想空间的这种构造包含所有各种层面。

首先是我们刚才谈到的,把无固有空间的影像还原为单纯表象。这种还原似乎很早就出现了(1岁)。纪尧姆描述了在他自己女儿那里观察到的一个现象,她带着从早上起就戴着的草帽,来到一面镜子跟前,不是把手伸向镜子里的草帽影像,而是伸向她头上的帽子;镜中影像足够支配、调整一种适应于对象本身的运动。那么可以说,还原已经实现了,镜像只不过是象征,使儿童的意识回到被反射对象本身的处所。

反例:每当象征意识出问题时,例如在失语症或失用症情况下,人们也观察到空间性的问题。失用症的患者是指尤其在以下方面存在困难的人:通过在镜子中进行调整(或是模仿面对他们的人)来支配一些适应于对象的运动。镜像和原型的关系对他们而言是混乱的。

根据瓦隆的看法,在儿童1岁时,人们可以说基本的发展已经完成了。然而这不意味着在身体影像和身体之间的对应系统已经完整实现了,也不意味着这个系统是精确的,就像整个一系列行为所显示的,其中有些行为是很迟才出现的。例如,从12月龄到15月龄,人们观察到儿童有一系列练习行为,为了习惯在镜子面前进行活动而做准备。儿童尝试了人们让失用症患者做的那类运动。然而这发生在1岁以后,从12月龄到15月龄之间,也就是说,此时的系统还是非常不完全的,儿童需要通过一些重复经验来确认这个系统。在第 60 周,也就是超过 1 岁时,当人们要求儿童指出母亲,如果母亲坐在他旁边,镜子放在他们面前,儿童会**笑着**指指镜子里的母亲,并且转向母亲。镜像已经变成了游戏、逗乐的主题。但是儿童想用镜像来玩耍的现象本身说明了他离镜像的首次启蒙经验并不太远。学习还没有稳定下来。在 57 周的时候,也就是 1 岁以后,普莱尔的儿子看着镜子里的自己,伸手到镜子后面,把镜子转过来,凝视着镜子,正如我们刚才所说,这是黑猩猩的行为。第二天,他从镜子转开了,恰恰就像黑猩猩一样。这个现象使得承认纪尧姆所设想的、儿童在 1 岁时就已经获得镜像意识这个观点仍然是有点困难的。那么,在这个年龄之后儿童为什么会重新陷入我们所见到的低于影像意识的黑猩猩行为呢?瓦隆提出一种解释:在我们所说的情况中,问题不是不理解镜像,儿童所探询的是镜子,而不是影像。儿童可能已经一劳永逸地理解了显现在镜子那里的东西只是一种表象、一种反射,但他还有待理解一个对象(镜子)**如何**能够产生周围对象的复本。瓦隆的解释并不完全具有说服力:为了对影像与原型之间的关系具有严格的意识,似乎有必要对镜子的作用有某种理解,只要镜子没有被完全理解,只要儿童还伸手在镜子背后寻找某个东西、好似对象是画在其表面一样,他就还没有完全理解反射的存在,没有完全理解影像。如果已经完全具备了影像意识,儿童就不会在镜子背后寻找与映在镜子中的东西相似的现实对象。一种镜像——在这个词的充分意义上是现实对象的**反射**——的构造,逐步预设了整个素朴物理学的构造,其中用以解释反射现象如何可能的因果关系也进来了。普莱尔所提示的现象似乎显示出,儿童在 57 周尚未完全理解镜像。因此,如果在61周的时候,普莱尔的这个儿子摸、舔、拍打自己的影像并同它玩耍,我们也不会觉得惊讶。这个游戏,就像刚才与母亲影像玩的游戏一样,似乎显示出,儿童距离影像还是对象复本、影魂的时期并不遥远。瓦隆说,20月龄的儿童在睡觉前很有仪式感地亲吻自己的影像。31月龄的儿童,人们还能看到他与自己的影像玩耍。

在瓦隆看来,儿童与其镜中影像的玩耍,代表了我们已经见到的一种超越了单纯镜像意识的阶段。他说,儿童之所以与镜中影像玩耍,是因为他对于在镜中观察到的一种具有生物的所有样子、然而又不再是其中之一的映像感到有趣。因此这里的问题是"万物有灵论游戏",显示了对万物有灵论信仰的消除。然而如果在主题中没有留下一些最初吸引儿童之异象的痕迹,即显现在反射中的一种准意向,以某种方式对万物有灵之表象的验证又为何会如此有趣呢?儿童很高兴在他面前发动一种他仍然为之着迷的魔法,尽管这不再是"当真的"。

这就把我们引向一个观点,可能有必要在结论时重申。我们认为,在成年人那里,镜子影像已经确实变成了瓦隆所说的对于成年心灵而言的东西,一种单纯的反射。然而有两种看待影像的方式,一种是分析的,深思熟虑的,影像只不过是可见世界中一个与我无关的表象,另一种是整体的,直接的,我们不假思索地在日常生活中运用它,把镜子影像当作某个**要求**人们相信的东西。让我们把镜子影像与一幅画作比较;当我看一幅脸被大大地拉长了的瑞典国王查理十二世的画像时——其同代人所说,他这个脑袋同时只有一个念头——我知道得很清楚,查理十二世已经死了很久,那里只不过是一幅画像。然而那里有一个**类似人的东西**在微笑。有从鼻子到嘴唇的弧度、有眼睛的神采,因而这不单纯是一个物体,这凝固的动作仍然是**一个微笑**。同样,即便在成人那里,如果我们以直接的、而不是深思熟虑的经验看待镜中影像,它就不单纯是一种物理现象:它神秘地因我而栖居,它是我的某种东西。

这种经验使我们能够理解影像上附着的意义,在某些文明中,人们不能制作人的图像,因为这几乎就是故意创造不属于人类的其他人类存在者。这种与影像相关的整个信仰——即便这些信仰不是白纸黑字的——只能被理解为人绝对不同于影像的简单信号。影像以一种独特的方式体现、显现了其所象征的东西,就像人们使桌子中的精神显现那样,即便成人也不愿踩上一张图像,踩上一张照片,或说如果他这么做,就带有了挑衅的意图。因此不仅影像意识的获得是迟缓的,容易反复的,而且,即便在成人那里,影像也从不是原型的单纯反映,而是其"准在场"(萨特)。

这也解释了,当儿童对镜子影像进行了还原,"还原"工作本身并不导向像概念一样的**一般性**结果:儿童随后在其它类似现象上还必须重新进行还原,例如影子现象。瓦隆指出,普莱尔的儿子在4岁的时候,第一次意识到自己有影子,而且是惊恐地觉察到这一点的。瓦隆观察到,一个4岁半的小女孩踩上他的影子,就声称踩上了他。我们之前所说过的、镜像首先负载的参与主义信仰,尚未被一下子就应用于所有同种类现象上的理智批判所还原。进展就在于对镜像的重构:儿童对影像保持距离,但这种距离并非是概念的距离。

瓦隆提出,在镜像上已经实现的同样的发展过程在影子问题上又重新开始了；然而这也就是说，镜像的逐步还原，确切地说，所涉及的并不是一种理智现象。一种真正的理智服从于全或无的定律。我们要么理解，要么不理解。我们对于什么是二和三，不能只理解"一点"。理智现象不能接受我们在镜像发展过程中所观察到的这种渐变系列。

这就将我们引向这样的问题：难道不能根据其它一些现象重新解释镜像发展并将其与不同于认识的现象关联起来？

在这个方向上，我们能从瓦隆的书中获得一些提示。瓦隆他自己在著作①的某些段落中指出，对自己身体的经验的发展是整体发展的一个"环节"，而整体发展也涉及对他人的知觉。

瓦隆在分析的最后，强烈地批判了理所当然地作为影像整体——它通过我的身体器官及功能被直接和立刻给予我并向我呈现了这些器官和功能——的体感概念。在瓦隆看来，这种体感，即便存在，也是一种长期发展的结果，是一种成人心理的事件，根本没有表达儿童与其身体所保持的关系。儿童首先并没有截然区分由内感觉和外部知觉所提供给他的东西。儿童在成人学者称为内感觉的材料和视觉材料之间不作区分。镜像，即视觉材料，全部参与了身体自身的存在，将一种"参与"了儿童自身存在的影魂存在引入镜中。在儿童那里，自我身体的真实也就是他人身体的真实。儿童感觉到自己在他人身体中，因为他在其视觉印象中感觉到自己。这就是瓦隆通过考察病理学案例所指出的：**"体感"问题和我与他人关系问题紧密相关**。

---

① 《儿童性格的起源》，同前引。

患者听到一个声音在上腹部、腹部、胸部和头部区域说话。传统精神病学家认为,问题是涉及不同身体区域的幻觉。他们对患者所声称的问题进行翻译,"图像化"。他们按照字面来理解患者所说的话。

现代精神病学家则解释说,这些现象中本质和原初的东西,不是声音在患者身体中的定位,而是在与他人关系中起作用的某种融合,它使得陌生的声音可以栖居在自己身体中。如果患者听到声音在他头部,这是因为他不能把自我与他人截然区分开来,例如当他说话时,他会相信那是别人在说。瓦隆说,患者有一种面对他人时的**无界限**印象,这使得他的行为、言语和思想对自己而言显得像是他人的或由他人强加的。

这种对所谓"体感"问题的解释与拉加什先生在《语词幻觉和话语》①一书中的分析不谋而合。关于这个问题:如何理解患者相信自己在听、而其实是他自己在说这种现象?拉加什先生认为,我们只有把语言设想为一种**两面性的活动**才能回答。在说的行为和听的行为之间似乎没有区别。患者只有在准备自己发言的时候才能理解或甚至聆听话语,反过来,正在说话的患者想象自己就是听他说话的人。在对话中,交谈者是一体两面的关系,这就解释了为何"说"的现象能够转换为"听"的现象。是这种原初的统一重新出现在病理现象中。

瓦隆说,当我们清理了感觉主义偏见,观察到的是"不能坚持

---

① 丹尼尔·拉加什(Daniel Lagache):《著作集》(œuvres),第一卷,法国大学 PUF 出版社,1977。

主动态和被动态之间区分",不能坚持我和他人之间区分。我们这里十分接近精神分析学家所谓的**投射**和**摄取**,这些机制在于,患者把一种他人掌握的行为当作他自己的,或是假设他人那里有一种由他掌握的行为。

因此有一种系统:我的视觉身体-我的内感觉身体-他人,这是在儿童那里建立的系统,在动物那里则未成功地以同样的严格性建立起来,它在动物那里是不完全、不完善的,建立在进入系统的不同要素的无区分上,而不是建立在这些不同要素的有规律关系和可逆转对应上。人们可以推测,既然儿童与其镜中视觉影像之间存在一种全面同一化,同样儿童与他人之间也会存在全面同一化。如果儿童在6月龄以前还没有他自己身体的视觉概念(即一种把他的身体局限于某种可见空间点的概念),那么在此期间,他更有理由不把他自己的生命局限于自身。由于他没有关于他身体的视觉意识,他也就不能把他体验他人之所体验与他见他人之所体验分离开。这就是"互易感觉"现象,即自我与他人之间隔阂的缺失,而这种缺失为融合社交性奠定了基础。

瓦隆在著作最后所作的指示,比他的镜像分析走得更远,使得我们可以对之加以补全和纠正。

瓦隆在镜像研究中没有正面对镜像进行刻画。他向我们指出,儿童如何学习把镜子影像当作非现实的、学习对镜子影像进行还原,以及取消他之前给予镜像的准现实性价值的幻灭是如何实现的。然而还应该问,为何镜像**使他感兴趣**?对于儿童而言理解**他有一个可见影像**是怎么回事?瓦隆自己说儿童用影像自娱自乐

"直至荒谬的地步"。① 然而为什么影像这么**好玩**？

这正是精神分析学家试图理解的。拉康医生与瓦隆一样，也注意到儿童在其影像面前的过度娱乐，儿童看见自己在镜中移动时的"兴高采烈"。儿童还不会走路，有时甚至站立都困难。在他那里，出生前的生命迹象甚至都还没有完全抹去，神经联结还没有完全达到成熟，他远远没有适应周围的物理环境。在这样的条件下他对镜子现象的兴趣如此强烈、如此恒久、如此普遍，这难道不令人惊奇吗？拉康医生回答道，当儿童在镜子里看到自己并从中认出他的影像时，涉及到在精神分析学家所说的同一化问题，即"当患者自觉承担时所产生的转变"。② 儿童对镜像的理解在于**承认镜子中的这种视觉表象是他的表象**。在镜像参与进来之前，身体对于儿童而言是一种强烈地被感觉到、然而却混乱的实在。认出他在镜子中的影像，对他而言就是得知**可能存在着对他自己的观看**。至此他**还从未见过自己**，或说他只在看他所能看到的身体部分时从眼角瞥见自己。通过镜中影像，他变得能够成为**他自己的观看者**。通过镜像的习得，儿童觉察到他对自己和对他人是**可见的**。从内感觉自我到可见自我的过渡，从内感觉自我到"镜中我"的过渡，正如拉康所说，是从一种人格形式或状态到另一种人格形式或状态的过渡。镜像之前的人格，精神分析学家在研究成

---

① 《儿童性格的起源》，第 177 页。
② "作为我的功能的训练者的镜子阶段"（Le stade du miroir comme formateur de la function du Je），《法国心理分析杂志》，第 4 期，1949 年 10 - 12 月号，后收入到《文集》中，Seuil 出版社，1966；《文集》，第一卷，"Points essais"文库，第 5 辑，1970。"想象模式的心理效果"（Les effets psychiques du mode imaginaire），《精神病的演变》，1947 年 1 - 3 月号。

人时称之为自我,即混乱地被感觉到的整体冲动。镜子影像使得对自我的沉思成为可能。随着镜像,出现了关于自我本身的理想形象的可能性,用精神分析学术语来说,一种超我的可能性,这种形象可能被明确地提出,或是单纯地蕴含于我每刻所看见的所有东西中。人们从而理解了对于精神分析学家而言镜像现象在儿童生命中所具有的重要性。这不仅是一种新内容,而且是一种新功能的习得,那喀索斯功能。那喀索斯这个神话人物,由于不断对着水面垂影自怜,被迷得神魂颠倒,投入水影中自己的形象。自我的影像在使自我认知成为可能的同时,也使一种异化成为可能:我不再是我所直接感觉到存在的东西,我是镜子向我提供的这种自我影像。用拉康医生的术语来说,我被我的空间影像"捕获"了。所以我离开我被体验到的自我的现实,不断参考这个理想、虚构或是想象的自我,而镜像就是这种自我的最初开端。在这个意义上,我被抽离我自身,镜子影像还使我为一种更严重的异化作好了准备,即被他人异化。因为从我自身看来他人仅仅具有与我们从镜子里看到的影像相类似的外部影像,因此他人比镜子更肯定地剥夺了我的直接私我。拉康说,镜像就是"象征子宫","在其中,**我**在同一化的辩证法中自我对象化之前,以原初的形式冲向了他者"。

镜像的一般功能是剥夺我们的直接实在性,这是一种**去实在化**的功能。拉康坚持认为,在我们刚才所说的儿童那里出现的、从运动的和生物学的观点来看还远非成熟的现象中,有一种令人惊奇的东西。人类儿童是这样的存在者,他远在真正生理成熟的状态之前就能够感觉到他人,能够把自己当作其他人类之中的同类。"早熟"和超前是童年的基本现象。镜像使人类儿童得以有动物性没有经历过的发展,同时也使儿童有一种固有的不安全。因为在感知自己的我和看到自己的我、或说他人看到的我之间不可避免存在冲突。镜像除此之外将成为与他人的攻击性第一次显示出来的机会。这就是为什么儿童对镜像的接受同时是兴高采烈的和不安的。镜像的习得因此不仅关系到我们的**认知关系**,而且关系到我们与世界、与他人的**存在关系**。

因此,在镜像初看起来简单的现象中,观察自我的态度的可能性向儿童揭示了出来,这种态度随后将发展为自恋形式。自我第一次不再混同于他在每一刻所体验到或是欲望到的东西,在这个被体验到的、直接被体验到的自我之上,叠加了一个被构造的自我,从远处可见的自我,想象的自我,也就是精神分析学家所谓的超我。从此以后儿童的注意力被自我之上的这个自我、或自我面前的这个自我所捕获。也就是从这个时刻起,他脱离了其直接实在性;镜像把儿童从他实际之所是转向他看见的自己之所是,转向他想象的自己之所是,在这个意义上,镜像具有一种去实在化的功能。最后,直接自我的异化,及其被镜中可见的自我侵占,已经勾画了主体将被看着他的他人所侵占的情况。

这种分析延伸了我们在瓦隆那里所发现的分析,同时又不同于后者。它不同于后者首先因为它强调了这种现象的情感意义。在读瓦隆的著作时,我们有时会有这样的印象,镜像习得的问题是一种认知的工作,是某些视觉知觉和某些内感觉知觉之间的一种综合。视觉的东西,对于精神分析学家而言,并不单纯是与其它感官性并列的一类感官性,它对于主体生命有一种不同于其它感官性模式的意义。视觉,是观看的感官,也是想象的感官。我们的影像以某种优势方式是视觉的,这并非偶然:通过视觉手段,我们能够对对象有一种充分的统摄。随着对自身的视觉经验,因而有了与自身关系的新模式的到来。视觉的东西使在直接自我和镜中可见自我之间的某种分裂得以可能。感官功能本身,因而按照其可能带给主体存在的贡献和可能提供给这种存在发展的结构而得到重新定义。

另外,精神分析学家对现象的研究,同时强调了发育所包含的超前和倒退。

儿童以成人生命形式的"早熟"、超前,对于精神分析学家而言,几乎就是童年的定义。这是主体在当时能力上的超前。儿童总是生存着,出生本身就是"早熟的"(早产的),因为儿童以这样的状态来到世界上,在这种新环境中的独立生活对他而言是不可能的。最初的俄狄浦斯冲动是一种相对于个人器质性状态而言的"心理青春期",由与成人环境的关系所激发。儿童生活在属于他将来的、对他而言又并非真正可实现的关系中。

儿童可能超前,同时成人则可能倒退。童年永远不会彻底泯灭,我们也永远不能完全消除那种使我们面对镜中影像时觉得在其中发现了我们自己的某种东西的身体状况。这种神奇的信念首先赋予镜像的并非单纯映像的价值,不是词语本义上的"影像"的价值,而是它自身复本的价值,这种信念永远不会完全消失,而是重构到成人的情感中。如果说这种倒退是可能的,那么影像的"还原"就应当不是永不复返的认识进步,而是对于总是承受着情感经验偶然性的我们全部存在方式的重构。

如果对镜像的理解仅仅是认知层面的,一旦现象被理解,其过去就应该被完全吸收。一旦理解了影像反射或现象的纯粹物理特征，就不该有任何在其影像中所反映的个人"在场"残留下来。既然情况并非如此，既然影像-反射是不稳定的，那么对它的构造活动不仅与真正意义上的理智相关，而且也与个体和他人的所有关系相关。

精神分析学家关于影像的观点之所以出色，还在于他们将其置于与他人的同一化关系中。当我能够想象他人对我的视点时，我就更容易理解在镜子中的是我的影像，反之亦然，当我看见自己以我提供给他人的外表出现在镜子中时，我就更好地理解了他人可能具有的关于我的经验。

我们之前提到过，瓦隆把镜像的还原理解为一种理智活动。我首先在镜中看到了我自己的复本，然后对于我自身经验的理智意识使我从这种影像中获取经验，把它当作通过内感觉另外被给予我的这同一个身体的单纯象征、反射或表达。理智活动时刻进行着还原和整合，把镜像从其空间根基中分离出来，把这种视觉表象和内感觉经验送回到空间的同一个理想地方，这种空间不是附着于被感觉事物的空间性，而是理智所构造的空间性。

有这样一种还原在起作用，这是完全无可争辩的。但问题是知道，还原在其中得以实现的理智活动是否能提供对所产生东西的**心理学解释**。一种理想空间的降临，理智对空间值的重新分配，使我从影像中抽走其本身的位置性、把其当作我身体唯一位置的单纯样态，这在发展中是原因还是结果？

瓦隆附带指出，我们不应该假设，儿童**一开始就把他自己的身体定位在两个地方**，不应该假设某个地方有触觉的身体、内感觉的身体,而另一个地方有身体的外观、视觉表象。如果我们这么假设,那么我们就在儿童那里两次实现了一种恰恰是成人所固有的严格空间性形式。儿童首先"在这里"看到影像,感觉到他的身体,这不意味着当他在视觉上知觉到影像和在触觉上知觉到他身体时,他确实把它们彼此放在空间的两个不同地方,**例如像成人把这个灯和麦克风知觉为空间的两个不同地方那样**。瓦隆说,这两种"空间"并不是直接可比较的,对二者相互外在性的清晰直观要求它们之间有一种共同点,而这种共同点并非直接由感觉经验所给予。镜像所涉及的,不是儿童所具有的、位于触觉身体之外的第二个身体,而是一种**有距离的同一性**,或身体的**无处不在**,因为身体同时出现在镜子中和出现在我触觉感知到它的地方。然而如果是这样,需要协调的两方面在儿童那里实际上并不是分离的,而空间中所有对象对于成人的知觉都是分离的。因此瓦隆的分析是说,由于它建立在**重新**分配空间值、用一种理想空间代替知觉空间的观念上,并且我们现在觉察到这种空间,所以并没有需要超越的视觉影像和被感觉身体的绝对双重性。尽管距离现象把镜中影像和被感觉身体区分开来,也还是确实不存在视觉身体和内感觉身体的真正两面性或双重性,如果这样,那么向着统一性的还原就不是一种戏剧性转折。

如果我们使他人的出现在镜像现象中起到一种作用,那么可能可以更好刻画儿童要克服的困难。问题不是让他理解,位于空间中两处的身体视觉影像和触觉印象实际上只是一个东西,而是理解镜中影像就是**他的**影像,就是他人关于他的所见,他提供给其他主体的外貌,综合不是一种理智的综合,而是和他人共存的综合。

此外，仔细考虑之下，两种解释并不互相排斥。因为必须把与他人的关系**不是仅仅当作我们的一个经验内容，而是当作一种真正的结构**，我们可以承认，我们称之为**理智**的东西只是用来指称与他人关系的一种原初类型（"交互性"关系）的另一个名称，从发展的一端到另一端，与他人的鲜活关系是我们抽象地称之为"理智"的支撑、载体或刺激。

这样，现象将必然是脆弱和可变的，正如我们与他人和世界的情感关系一样。超前和倒退都更容易理解。由于缺乏一种具体和有效的解释，也许应当假设对我们经验的一种不断的理智控制，正如瓦隆所说，时刻进行着还原和整合的活动。然而，关于这样的活动，我们没有任何意识，看着镜中的影像我们没有去判断、去进行理智工作的意识。那么也许应当假设，我们有一种未经觉察的活动，持续地对知觉空间或影像空间进行还原、并能够对空间值进行重新分配。相反，如果我们假设，对影像的征服只是我们与他人和世界的所有鲜活关系所从属的整体持续性的一个方面，就更容易理解，这种持续性一旦得到实现，就自行发生作用，而且它由于参与了我们与他人关系的全部偶然性而可能发生退化和倒退。

在我们对获得某种**平衡状态**的假设中，问题是我们的知觉正如所有优势性平衡状态一样，倾向于自我维持，而无需求助于经验的介入。我们的解释使我们得以理解成人的状态不同于儿童的状态，而无需求助于童年状况的复发。

2. 融合社交性

据瓦隆所说，人们观察到儿童在6月龄到12月龄之间，社交性在快速增长。瓦隆提到"融合社交性"。从第6个月到第7个月，人们观察到儿童放弃对无姿势他人的凝视行为。这种态度几乎是儿童对他人行为的一半，它如今降到对他人行为的25%。朝向伙伴，即其他儿童的姿势，或朝向自己身体的姿势增加了。针对他人的活动则是儿童生命最初半年里的这种活动的四倍。在这一时期的7月龄到12月龄之间，朝向他人活动的频繁度超过了儿童在出生第二年整年里这种活动的三分之一。因此与他人的关系有突然的增长，这些关系的质和量有突然增长。儿童行为的性质本身发生变化。例如，将近7月龄的时候，当人们看着他（而不仅是对他说话）的时候他开始微笑。这时很少看见儿童对动物微笑或是独自一人时微笑。社交敏感性得到不同寻常的发展，比与物理世界的关系要显著超前，后者在此时还非常不充分。

夏洛特·比勒夫人在1927年的书中[①]令人满意地描述了这些与他人关系的一般举止。比勒夫人观察了一些在医院候诊厅里处在一起的孩子。她首先指出，在3岁以前，儿童极少对比他们小很多的孩子发生强烈的兴趣，可能因为儿童直到3岁都还没有从自己本身的处境中走出来，或者不足以对处于截然不同处境中的

---

① 《关于一岁的社会学和心理学研究》(*Etudes sociologiques et psychologiques sur la première année*[*Soziologische u. psychologische Studien ueber das erste Lebensjahr*])，耶拿：Fischer 出版社，1927。

主体感兴趣。因此关系是在年龄相对接近的儿童之间建立起来的,正如别处最平常的观察也显示的那样。与其他相似年龄儿童的关系,常见的是炫耀的儿童与观看他的儿童之间的关系。人们常常看见一对对儿童,其中一个展示其最惹人注目的活动(玩着这个或那个先进的玩具,说话,高谈阔论),而另一个儿童看着。这种关系甚至同时往往是一种专制者与奴隶的关系。专制关系通常需要儿童之间有三个月大小的差距,通常最大的儿童是专制者。然而这并非绝对定律。也有一些专制关系的情况归因于最小的儿童。这往往发生在最小的儿童被特殊优待的时候,例如若人们总是在征求他的同意,他就变得具有优越感,直接采取与人们对他的态度所互补的态度。正如瓦隆所注意到的,这里有一种情感处境的自动逻辑:人们对儿童所采取的所有态度都在儿童那里直接促成了一种互补的态度。正如所有弱者那样,他采取的过度感兴趣的迹象是孱弱的标志。瓦隆说,炫耀的儿童与观看的儿童之间关系的特征,是两个儿童在处境中融合。凝视的儿童真正把自己等同于他所凝视的东西。他只通过这个心爱的同伴而存在。至于专制者,其专制自然建立在奴隶的孱弱上,然而也建立并尤其建立在奴隶所具有的作为一个奴隶的情感上。正如瓦隆指出,一种专制关系的建立所真正重要的,不是一方比另一方更强或是更灵巧,而是另一方承认自己更弱、更不灵巧。根据黑格尔对主奴关系的著名描述,专制者所寻求的,是奴隶的承认,*Anerkennung*,是其赞同。专制者离开奴隶的屈从就什么也不是,他觉得离开了另一方的屈从就无法生存。根据瓦隆的看法,我们所说的这种关系,包含着自我和他人在同一种情感处境中的混同。专制者出于奴隶对其控制的承认而存在，而奴隶自身除了在那里赞赏主人并与之同一化，就别无其它功能。还如瓦隆所说的，这里有一种"与他人联合"的状态，是儿童情感处境的特性。

在这些情况下，我们理解妒忌关系在儿童那里的重要性。在妒忌中，进行表演的儿童和欣赏他表演的儿童之间已构成的伙伴关系受到妒忌影响：妒忌者是某个想成为他所凝视者的人。瓦隆举了狗妒忌的例子。如果人们抚摸一只狗，另一只冲过来想取代它的位置。希望被抚摸，不是一种积极的愿望，而是感受到**抚摸被剥夺了**并给予别的狗的情感。妒忌的本质，是这种被剥夺或沮丧或被排挤的情感。人们看到这种妒忌出现，根据纪尧姆的看法是在7月龄，而根据瓦隆的看法则是在9月龄，不管怎样，差不多是在我们所说的这个关键时期出现。再迟些这种妒忌有时候表达为赌气。赌气，是儿童放弃他想成为的人、并因此接受行动被抑制的苦恼态度。

人们可以说，妒忌者看到他的存在被他人的成功侵占了，感觉自己被他人剥夺了，而且在这个意义上，妒忌本质上就是自我与他人的混同。这是那种人——只是在达至他人已达至的东西时才看到其他的生命——的态度，他不是根据自身定义自己，而是根据他人所具有的东西相对地定义自己。所有的妒忌，甚至成人那里的妒忌，在瓦隆看来，都代表着自我和他人之间的这种无区分状态，代表着混同于人我对立之个体的积极地不存在的状态。根据瓦隆的看法，人们由此应当把成人的妒忌当作一种向儿童情感性模式的退化。

在妒忌关系上，人们往往发现一些残忍现象。儿童试图使他人受苦,只是因为妒忌他,因为他被剥夺了他人拥有的所有东西。说实话,残忍甚至更为复杂。如果我与他人合得来,如果在某种意义上我与他人携手并肩,在原则上和权利上我就不会把他人所拥有的东西当作我自己的。如果我把他人当作另一个我自己,那就一定会把残忍理解为一种"受苦的共情"(瓦隆)。然而从此我对他人造的恶,我也对自己造下了。喜欢对他人造恶因此就是也喜欢对自己造恶。瓦隆这里重新回到了施虐受虐狂的精神分析观念。"尽管施虐狂是想让他人受苦,但它也是一种施行者也同欢共悲的受苦。"(瓦隆)

妒忌者就是这样。他喜欢使自己受苦。他反复调查,寻找信息,形成了一些总是旨在刺激他的苦恼或不安的假设。瓦隆甚至指出,在妒忌中有一种旨在最终增加性激情强度的沾沾自喜。瓦隆指出,对某些三人行家庭的心理学解释正在于此。三人行家庭的意思只是把妒忌的经验以常态化形式组织起来,这种经验被倡导者当作苦恼的增长来追求,因为它使得攻击性反应和性反应更为激烈。

妒忌在儿童那里代表一个阶段,他参与一种情感处境,感觉到对他的生命进行补充的生命,而尚未懂得孤立或肯定他的生命,以至于他任凭那种剥夺他的生命内在地统治他。总之没有什么是属于自己的,没有自己的东西,他完全根据他人、根据他对他人所拥有东西的缺乏而得到定义。这里我们又重遇精神分析的思想及其赋予妒忌的定义。

弗洛伊德承认,妒忌看起来像是针对一个人,实际上是针对另一个人:一个男人对他妻子的妒忌,是这个男人和这个女人的对抗,而这个女人身旁有一个作为妒忌起因的第三者。这就是说,在整个妒忌的行为中,有一种同性恋的因素。瓦隆引进了这种分析,他承认,妒忌者是那个不仅体验着他自己的经验、还把他人的经验当作自己的经验来体验的人,他承担了他人的态度(例如,朝向第三者的态度)。我们与他人的关系也总是与这个他人所认识的其他人的关系,我们朝向他人的情感,与他朝向第三方所体验到的情感休戚相关,并逐渐转变为那些情感。两个人的关系实际上总是一些更为延伸的关系,因为这些关系通过第二个人延伸向这个人所密切联系的那些人。同样,关于妒忌,瓦隆写道:"这种情感,在只能以旁观者(他被对手的行动所掌控)的方式作出反应的人那里,是一种对抗性的情感。"他非常接近精神分析关于"窥视者"态度的观点(当然,日常词义上的窥视者只是其中一种有限的情况)。这个妒忌者任凭自己被他人吸引或迷惑,反过来他也想自己吸引或迷惑他人。他在心里扮演了他所在处境中的全部角色,而不仅仅是他自己的角色,他没法对之具有分离的概念。

  这些分析令人想起普鲁斯特的分析。还是孩子的普鲁斯特有一天开始喜欢吉尔贝特,那时他被带去香榭丽舍大街玩,他看见面前有一群孩子,吉尔伯特便在其中,而他自己却不属于其中。他的爱情首先是被排除的情感。这一感情并非是觉得吉尔伯特可爱,而是首先感觉到自己在那群孩子之外。

  我们也想起普鲁斯特对阿尔贝蒂娜的妒忌的著名分析。他再也无法忍受阿尔贝蒂娜的东西完全逃脱他的把握;例如,她在他之前的过去。仅仅是她有一个过去的事实就足以使他痛苦,这种痛苦几乎与他的爱相混同,因为当她不在那里,他就再也感觉不到对她的情感,甚至相信不再爱她。因此只有当她毫无生气,在睡梦中时(或者迟些当她消逝于死亡时),他才能毫无痛苦地去爱她。然而即便此时他的爱也只在于**凝视**睡梦中的她,也就是说,始终处于妒忌的法则之下,这一法则等同于一场表演。

妒忌、残忍的负面态度,尽管很常见,却并非儿童仅有的态度。还存在一些共情(sympathie)的态度。

在瓦隆看来,共情应当被理解为一种原初的不可还原的现象。共情在儿童那里出现于模仿的背景中,此时自我意识和他人意识还是开始了分化。模仿是我被他人吸引,被他人侵占,正是通过这种态度,我接受了我面前这些人的姿势、行为、口头禅、做事情的方式。瓦隆深刻地将模仿与使我得以控制身体的姿势功能联系起来。模仿是联结了我身体、他人身体和他人自身的独特系统的表现。模仿或打手势,是我对行为或表情表达进行复述的能力,这种能力与我具有的对自己身体的力量一起赋予了我。这是"适应表达需要的适当姿势功能"(瓦隆)。身体平衡的时常调整——没有它,任何功能,尤其是知觉功能,在儿童那里都不再可能——不仅仅是联合身体平衡之诸最小条件的能力,更一般地是我所具有的、用我的身体去实现一些与我所见相类似的姿势的能力。瓦隆提到了引起模仿姿势的一类"姿势同化"。他举了一个孩子的例子,人们看到他久久地凝视一只啾啾叫唤的鸟,在这种"姿势同化"之后,开始模仿鸟的叫声及其某些举止。不仅是对同类的知觉,而且甚至是对与孩子自身有足够差别的动物的知觉,由于姿势功能,都可以表达为与他人态度相类似、具有同等表达价值的态度。我们的知觉总之引起了我们重新组织我们的运动行为,这甚至无需学过所涉的姿势。我们知道著名的足球赛观众的例子,观众做出球员在当时应该做的姿势。一些研究者,比如纪尧姆,试图用已经做过的行动的唤醒或回想来解释这种现象。我们在思想中代替了他人,我们自己执行了我们已经会做的行动。实际上,人们甚至在从未做过的行动上观察到这类现象,就像例如我们刚才提到的孩子的例子。因此在瓦隆看来,有必要认识到身体有一种姿势的"冥想"和"内在表达"能力。我看到身体的不同相位展开,这种知觉本质上激发我为与其相关的运动性活动做准备。正是知觉和运动机能之间的基本对应,格式塔心理学家所坚持的、知觉所具有的组织运动行为的能力,使知觉能够被一种新的运动组织所表达。模仿或打手势的功能,正是知觉所具有的最基本和不可还原的东西。

由此出现了共情。因为它并不在自我意识和他人意识之间预设一种真正的区分,因而应该说它预设了自我和他人的无区别。它就是这样简单的事实:我活在他人的表情表达中,就像我感到他活在我的表情表达中。它就是我们用另一种语言称为自我-他人系统的一种表现。

在讨论3岁危机之前,对于6月龄到3岁之间这个阶段我们再补充两点:首先是人格(personnalité)的观点,人格似乎内在于儿童的这个发展阶段;其次是儿童语言的前交流现象所运用的表达。

在我们已经说过的前交流阶段,人格在某种意义上沉浸于处境中,涉及到儿童自身或是和他生活在一起的其他人。常常被提到的一个例子就是,儿童只有在他们父亲处于习惯的环境中时才能完全认出父亲。例如,一个儿童说他真正的父亲在维也纳,父亲和他一起去乡村旅行,这不是真的。

然而儿童在某种意义上混同于他的处境。人们报道了一个孩子的例子,他不顾家人的指令手中拿着一只玻璃杯,在把杯子放下五分钟之后,听到了玻璃破碎的声音,颤抖着很不安,就好像他手中还拿着杯子似的。他在他之前所做的被禁止行为和远离他的被打碎的杯子之间,建立了一种魔法关联。在这种情况下,儿童并没有关于诸段时间和因果关系的明确概念。儿童与处境相混同。他是某个手里拿着杯子的人,某个与杯子有某种关系的人,所以杯子一会儿打碎了是与他有关的。

艾尔萨·科勒在他的书中报道了一个三岁孩子的人格,[①]这是一个孩子的故事,她在弟弟和父母不在的时候吃掉了弟弟的糖;当父亲回来时,这个小姑娘跑向他,兴高采烈地告诉他,就像吃掉弟弟的糖是件好事似的,她试图和他分享自己的满足。父亲斥责了她。小姑娘哭了,显得知道犯错了。过了一会儿,母亲回来了,**同样的场景又发生了一遍**。怎么理解这件事呢?这实际上是孩子的问题,就像父母所说的,"又来了"。在一个懊悔、泪水、决心的场景之后,孩子又完全复述了一遍违法行为,为了理解这种现象,必须考虑到,孩子还没有在母亲回来和父亲回来之间建立任何关系,在孩子眼中,两个事件是截然不同的。孩子确确实实就是处境,并没有与处境保持距离,处境被纳入其最直接的意义中,所有之前可能已经发生的,从新的处境——母亲的回来——发生时起就完全

---

① "三岁儿童的人格"(*Die Persönlichkeit des dreijährigen Kindes*),《心理学专论》(*Psychol. Monographies*),比勒(K. Bühler)编,1926。

无效了。孩子没有能力区分不同处境、把自主行为与处境相关联、把恒常的行为与变化的条件相关联，这就使得其态度变得可理解了：受到父亲的斥责、承认斥责、并下定决心时的那个孩子，与几分钟后母亲回来时的那个孩子，并不完全是相同的。

威廉·斯坦因叙述了这样的情况，他儿子在一个妹妹出生时突然把自己等同于姐姐，以姐姐的名字自称，给姐姐另一个名字，这似乎显示出，孩子把自己完全等同于家庭处境，当新孩子出生，曾经是最小的孩子变得相对年长，他就完全占据年长孩子的地位，以至于夺走了绝对长子的地位。

由此也许可以理解儿童如何能感觉到自己是多重的，如何能同时扮演几个角色，简直像病人一样。瓦隆报道了一个患者雅内的案例，她宣称自己同时是圣母的女儿和圣母本人，用手势同时扮演产妇和儿童的角色以资证明。

由此还可以理解儿童与自己对话的重要意义。当儿童与自己对话时，这种独白中——儿童的抚养者会很熟悉这种独白——确实存在着多重角色，与另一个角色进行对话的角色。

最后可以理解频繁出现在病人和儿童那里的互易感觉现象。互易感觉是把属于主体自己的东西归于他人。例如，一个病人把自己晚上遭受的一次发作当作另一个病人的事情来抱怨，就好像是后者经历了这次发作。互易感觉也是一种疑病的态度，总是在其他人脸上寻找生病的迹象。所有我们所是的，所有在我们身上发生的，作为我们范畴的，都起认识他人的探索工具的作用。所有在我们身上发生的，都使我们对于他人的某个方面更为敏感，使我们在他人那里寻找我们所发生之事的对等物或对应物。这就是为何歌德有理由说,对于我们每个人,我们周围的人就是我们自己所是。我们的周围环境(Umwelt)就是我们所是,因为发生在我们身上的并不仅仅发生于我们,而且发生于我们所有关于世界的看法。互易感觉,换言之,与精神分析学家所引入的投射概念相同,就像模仿是摄取(introjection)的对等。

然而有些儿童互易感觉的例子非常令人吃惊。瓦隆引用了一个他从夏洛特·比勒的工作中借用的例子。这是一个小女孩的案例,她坐在保姆和另一个小女孩身边,看起来很安静,然后,出乎意料地给了她伙伴一个耳光,当人们问她这样做的理由,她回答说是她的伙伴坏并打了她。孩子真诚的样子排除了深思熟虑的诡计。因此一个明显具有攻击性的孩子毫无挑衅就给了人一个耳光,并且很快解释说别人打了她。精神分析学家坚持认为,孩子的态度是把侮辱推卸给他人。("你才撒谎。")看上去显得不安的孩子经历了一个焦虑的阶段,这种焦虑渗透于所有她周围人和事的景象,尤其是她旁边小女孩的外貌。这个小女孩在她看来似乎被同一种焦虑的光晕所围绕。孩子把她的不安、她自己的镇定姿势,不是当作内在事件来经历,而是当作事物和其他人的属性来经历。由于没有把焦虑还原至其主观来源,没有把焦虑集中在她真正身处其位的那个孩子上,焦虑同时被当作外部来源和内在来源而得到经历,给同伴的耳光是对于这种来自外部的焦虑侵扰的回应。儿童的人格,同时是他人的人格,两种人格的无区别使互易感觉得以可能,而这就意味着整个儿童意识的结构。刚刚发生的拿杯子的过失姿势和现在杯子的破裂,以几乎是神奇的方式联系在一起。同样,有一种空间的融合,即同一个心理存在在空间的不同点上出现,我在他人中出现,他人在我中出现。一般来说无法做到:把空间和时间设想为包含着一系列彼此绝对不同之视角的环境。儿童穿越诸视角,并将它们压碎在事物的同一性中,而无视空间可能显现在其中的那些不同侧面或视角。这是上学年我们研究过的某些儿童画中表达的那种意识结构的一个方面。把外部知觉还原为在单一视角中可见的东西,即视角性材料,只有晚些才是可能的。符号与其所指之间也是无区分的。词语和事物不能截然区分,这一点我们已经反复看到了。

在成人那里人们称为象征意识的东西的缺失,符号和所指之融合的缺失,事物中的不同时间环节和不同空间环节之融合的缺失,这些都是对同样事实的证明。

在儿童人格概念中得到证明的与他人的融合关系,在儿童对语言的使用中也得到了明显的证明。儿童最初说的一些词,被心理学家和语言学家当作句子的代表,(词-句)只能通过融合作用而等价于一个完整句子。正如人们注意到,最初的词-句,是针对自己的行动或行为,也是针对他人的行动。当儿童说"手"时,即使他还很小,(手-手)指父亲的手,或指照片中所表现的手,或指自己的手。这似乎预设了一种抽象,在多种情况下对同一个对象的识别。然而被认定为同一的对象实际上非常不同(例如,儿童的手和照片上成人的手不很像)。然而事实上,这里并不是抽象的问题。仅仅是,在儿童那里并不存在他自己的手和他人的手的彻底区别。当儿童从画上、从一个甚至是很粗糙的简图上认出身体的部分,甚至是从非常不同于人类或是家养动物的动物身体中认出其身体的部分,其非凡的灵巧、敏捷和机灵,使儿童可以在非常不同的机体中识别人类身体要素的视觉灵活性,所有这些都可以通过他处在自我和他人之间的中间状态得到解释。儿童自己的身体对他而言是根据"姿势同化"(瓦隆)来理解其他身体的手段。瓦隆说,儿童就像是从他个人流溢到所有行动所产生的图景中,正因为如此,他能够从所有东西中认出自己。

这就解释了为何儿童相对容易理解现代素描或绘画的方式。看到某些儿童远比周围的成人更能理解毕加索的这幅素描或那幅绘画,是非常激动人心的。成人在这种绘画方式面前犹疑不定,因为他的文化教育使他习惯于将源自意大利文艺复兴的视角、把不同外部材料投射在一个唯一平面上的视角奉为经典。而儿童不懂这种文化传统,还未接受将使他融进这种传统的教育,因而有极大的自由度来通过某些线条认出画家所意指的东西。儿童的思想从其开始就是普遍的,同时又是非常个体的。这是一种外观性思想,它通过对对象和被给予行为进行身体性重演的方式直达重点。

这让人们能够理解为何"我"这个词的使用在儿童那里出现得相对较晚。他只有在已经意识到自己的视角不同于他人的视角并将二者区分于外部对象的时候,才能使用这个词。在知觉的初始状态中,存在着不是被封闭于一种视角并通过此视角猜测一个超越的事物,而是通过个人视觉而直接与事物沟通的普遍意识。当儿童理解,所有的"你"(主词)、人们对他所说的"你"(宾词),都是对他而言的"我",即必须对诸视角的交互性具有意识以便"我"这个词能够被使用,此时"我"才出现。

纪尧姆指出,人们看到儿童在 1 岁零几个月时首先习得了大量的人名,然后在 16 月龄的时候习得了他自己的名字,儿童首先只会在很有限的场合中使用自己的名字,回答诸如"你叫什么名字?"这样的问题,或是指示一些他与其他儿童并置对照的处境,例如在分礼物的场合中。在这种场合中儿童能够由于自己作为"他人"之一而被包含于其中的集体活动而使用他的名字。在情境中使用自己的名字,并不表示他具有自己私有视角的意识。在 16 月龄左右他似乎还不具有这种意识。例如,当他想说"我想写"时,他使用词语的不定式,没有主语。纪尧姆的儿子说"写"而不是"我想写",但是他会说"爸爸写",也就是说,他只能在主语不是他的情况下使用主语。当涉及到他自己时,他根本不表达主语。孩子最终说的"保罗写",有几次以"爸爸写"的格式脱口而出。对自己名字的使用是根据对其他人名字的使用而被学到的。

"我"这个代词比自己名字出现得还要晚,至少在人们听到其充分意义,即相对性意义的情况下是这样的。"我"这个代词只是在这样的情况下才真正具有充分意义:不是儿童把这个词作为个体的标志来指示他自己——这种标志可能一劳永逸地被指派给他和其他个人,而是当他理解,每个在他面前的人都可能反过来说"我",每个人对于自己而言都是一个"我",对于他人而言都是一个"你"时。正是当他理解了,这个被别人以"你"相称的他,却可能说"我","我"这个代词的全部意义才被习得了。因此不是因为一个儿童在将近 19 月龄的时候碰巧使用了"我"这个词,人们就说他习得了这个代词的使用。为了真正的习得,他必须掌握不同代词之间的关系并能够从其中一个意义过渡到其它意义。换言之,"我"这个词可以就其外观而被机械地使用,但这并不是在其充分意义、语言和语法意义上被使用的。仅仅到了 19 月龄的时候,纪尧姆的儿子才在充分意义上使用了"我"(宾词)或"我"(主词)。在他19月龄时,人们看到他以系统的方式说"给我,给你"。在他20月龄时,他加上"给我,给你,给他,给每个人"。这时分配活动无论是对他的或是对其他人的,都被当作相同的。使用"我"而不是使用自己名字,只是在儿童快满2岁时才变得常见。姓氏是一个人的属性,而名字则要么指示说话者,要么指示说话的对象。同样的代词可以用来指示不同的人,而唯一的专名适用的是每个人。

Ⅳ "3 岁危机"

3 岁危机在艾尔莎·科勒的《3 岁儿童的人格》和瓦隆的《儿童性格的起源》书中得到了很好的描述。[①]

将近 3 岁的时候,儿童不再认为他的身体、甚至他的思想是他人的,正如我们已经看到他在融合社交性阶段所做的那样。他不再与他可能参与其中的处境或角色相混同。他采取了自己的观点和视角,或不如说他理解了,不论处境或角色如何多样,他是超越了这些不同处境、超越了这些不同角色的**某人**。

绘画视角的习得(这一点将更晚才实现)在这里可以为我们提供象征作用:它只是对于一个熟悉**个体**视角概念的主体才是可能的。儿童只有最终达到以唯一视点看待面前事物而不是活在它们之中的时候,才能理解,当人们以唯一观点看它们的时候,这些东西表示了什么。因此在直接被给予的、儿童陷于其中的感觉景象,和从此能够根据思想所选择的方向来重新整理分配经验的主体之间存在着一种分裂。瓦隆指出了某些典型态度,人们能够借以识别儿童与他人景象、世界景象之间距离的来临。人们看到儿童在将近 3 岁的时候凡事要自己做的坚定决心。瓦隆还指出,儿童对

[①] 同前引。

他人注视的反应发生变化。直到 3 岁以前,一般来说,除了在病理情况下,他人的注视鼓励了儿童或是帮助了他。从 3 岁起,人们看到出现了一系列非常不同的反应,让人想到某些病理反应。他人的注视对他而言变为一种不适,就好像当人们注视他时,把对他有待完成之任务的注意力转移到了正在完成任务的他的表现上。

这与某些病理现象相吻合。[①] 瓦隆提起戴维森所描述的一个偏瘫病例,患者产生一种痉挛的笑容,引起所有注视他的人的不安。瓦隆也报道了一个患者病例,患者的职业是试驾汽车,当他独自一人的时候可以熟练地开到时速 140,但是当旁边有人的时候,他就局促不安、不可抑制地抽搐。这种对他人注视的极度敏感在他 2 岁 6 个月时发生惊厥之后就早早显现出来。瓦隆还提到一些一般性麻痹患者的病例,当人们注视他们的时候,他们表现出询问、赞许和满意的神情,就好像他们的面部表情一定要表示些什么,就好像他人的目光要求他们表态。

一些主体,正常的人,照相时担心自己不能传情达意。人们还注意到一些傻子,当人们注视他们的时候就喊叫。如果 3 岁的儿童在他人的注视下受到抑制,那是因为从此他不仅仅是在自己眼中所是者,而且他感到自己也是他人所看到者。我们所谈论的镜像现象得到了普遍化。镜像教给儿童,他不仅是他通过内在经验而相信自己所是的东西,还是他在镜子中所看到的这个外形。他人的注视像镜像一样教给我,我也是受限于空间处所的存在者,我从这种可见的替身上艰难地认出了被体验到的自我。当然,我们

---

① 瓦隆:"笨拙"(La maladresse),《心理学杂志》(第 25 期年刊),1928,第 61-78 页。

已经看见,这个自我在3岁以前并不能与他人区分。然而正是由于这个原因,也不存在被他人控制的问题、因他人而受抑的问题,当这种现象出现,那就是自我和他人之间的无区分状态终止了。

自我,我,如果并非同时也是**他人眼中的自我**,就不能在3岁时真正出现。因为在所述现象中,问题不是在后来才出现的意义上的羞愧、对赤裸的羞愧(在将近5或6岁时才出现),更不是害怕被责备,而仅仅是儿童在被注视时所体验到的害怕。

同样在这个年龄,儿童希望人们照顾他,以至于用犯错来吸引注意。人们看到一些重复性行为出现,这些行为在此前还不存在。人们看到他扰乱别人的游戏取乐。人们也看到他改变了对于馈赠的态度。他若给出一个东西,往往意味着不再喜欢它。而以前那种未经思考的馈赠消失了。儿童为了拿而从他人那里拿,而一旦拿到就抛弃之。馈赠行为转变为交易。

总之,儿童经常玩自我-他人关系的游戏,这种关系因此不再像前一个阶段那样是未分割、未区分的。

这些观点引导我们询问:在什么程度上3岁危机实现了儿童的一种转变,一种完全的重构,是否我们之前谈过的未分割的、前交流的状态明显被废除?瓦隆自己写道:已经被超越的活动形式并没有被废除。融合社交性在3岁时可能并没有被消除。在成人的生活中还会有这种与他人的未分状态,这种他人与自我的相互侵占(这种相互侵占内在于我们在其中混在一起的处境),这种同一主体以不同角色出现的情况,在成人生活中还是会遇到。3岁危机把融合性推迟或是推得更远,而不是消除它。诚然,在3岁以后,有一个中性或是客观的场域被安置在自我和他人之间,正如闵科夫斯基所说,一种隔阂的"被体验到的距离";不再有产生某些麻烦、幻觉、互易感觉的令人眩晕的与他人的相近。

例如儿童懂得,有一种指责他人的方式等同于供认。成年人不会像儿童那样说:"你才撒谎。"成年人懂得,某些抱怨恰恰泄露了在抱怨者那里有抱怨对象所具有的缺点。必须相当无耻才会臆测别人有这些缺点。我们通过互易感觉和投射把我们的生存方式归于他人,而成人对于互易感觉和投射是有所意识的。然而被这样逐出其生命的整个阶段的互易感觉就完全消失了吗?自我和他人之间的未区分状态就不会不可避免地在某些对于成人而言是极特殊的、但却是生命中非常重要的处境中重新出现吗?

我们能设想一种没有侵占他人意愿的爱吗?在任何情况下也不愿意对所爱之人施加影响、并因此避免替其做主、或给予建议、或使其具有一定倾向,这种人恰恰是通过这种克制态度而对其产生影响,并使其更加倾向于作出讨自己欢喜的决定。这种表面的超然,这种保持无责任的意愿,在他人那里激发了一种更加强烈的欲望想与之亲近。接受被某人爱却不想影响其自由,这里有一种悖论。如果他爱着,其自由恰恰是他在去爱的行动中,而不是在一种空洞的顾惜中发现的。而且,接受去爱或接受被爱,就是接受施行影响,接受在某种程度上替他人做主。去爱就是不可避免地进入一种与他人不可分割的处境。

我们自从与某个人联系在一起,就遭受着苦难。如果涉及的是只能以隐喻方式来分担的身体痛苦,那么我们会强烈地体验到无能为力。我们没有这种爱就不能是其所是,视角的侵占继续存在。我们不再能够说"这是你的,这是我的",不再能够绝对地分离这些角色；与某人联系在一起，最终就是至少在意向中体验到其生命。他人的经验实际上，在其令人信服的范围内，在其真正是他人经验的范围内，必然是"异化的"经验，因为它剥夺了我的唯一自我，并建立了自我和他人的融合。

正如阿兰所言，爱一个人，就是在其所是上对超乎我们所知的东西进行保证和确认，就是在某种程度上放弃了判断的自由。他人的经验并没有让我们止于自身，这就是为何他人的经验可能总是一种怀疑的原因。只要我愿意，我就能够在必要时怀疑他人对我的情感的实在性；这些情感对我而言永远不能被**彻底地**证实。这个谈说爱的人，并不将其每时每刻的生命给予所爱之人，而且如果被迫如此，其爱甚至会萎蔫。某些人遇到这种事实，根据一些总是有限的证据，以为遇到对爱的拒绝，拒绝信任和相信无限的肯定性（"怕被抛弃的人"）。儿童占有性的爱，就是这种永远没有足够证据的爱，它导致了把他人囚禁、封闭在其内在性中。

非病理性态度或正常的态度，是对超出人们能够证实的东西加以信任，必要时出于**实践**的宽容、出于由于正在进行而得到证明的行动，而不顾人们对情感实在性可能提出的怀疑。

然而如果情况如此，所有与他人的关系，如果足够深刻，就实现了一种不安全状态，因为我们所谈论的怀疑总还是可能的，爱自己产生其自身的真理或实在性。与他人的未分状态，自我被他人剥夺的状况，在儿童过渡到 3 岁后并没有因此被消除。它们在成人的其它生命地带继续存在。这是皮亚杰称为"**差距**"的特定情况。在某个层面已经习得的行为现在不在了，可能在更高层面也永远不会再有。在直接日常生活领域中被超越了的互易感觉，在情感领域并未被超越。这就是为何正如精神分析学家所展示的，在病人退化到儿时行为、显示自身无能过渡到**实践**、过渡到成人利他态度的情况下，融合社交性可能在病人那里重新出现。

我们可以思考在瓦隆所说的 3 岁危机和某些精神分析学家定位于同一时期的俄狄浦斯发展阶段——其中显露出来的有超我、真正的"客体"关系和对自恋的超越——之间的关系。

术语表

L'affectivité 情感性

L'autrui 他人

Les autres 他者

La cénesthésie 体感

La constellation familiale 家族排列

L'imprégnation posturale 姿势同化

L'intéroceptivité 内感觉

La personnalité 人格

La rigidité psychologique 心理僵化

La schéma postural 姿势图式

La sociabilité incontinente 不克制的社交性

La sociabilité syncrétique 融合社交性

La sympathie 共情

译后记

　　1949年到1952年间,梅洛-庞蒂在索邦大学教授《儿童心理学与教育学》课程,课程笔记由听众记录整理并得到作者本人认可,陆续在《心理学公报》(1949 - 1964)上发表,最后结集为《儿童心理学与教育学:索邦大学课程1949 - 1952》,由Verdier出版社出版。而其中有两部分内容(《儿童与他人的关系》第一部分,《人文科学与现象学》第一部分)由大学文献中心分别在1951、1952年出版,其文本与《心理学公报》上发表的有明显不同,语言更为丰富和口语化,注释也更为完善,这个版本的文本后来分别出版于《旅程》(1997)和《旅程II》(2001)。

　　《儿童与他人的关系》的第一部分,因此有两个版本:一是《心理学公报》(*Bulletin de Psychologie*, 236, tome XVIII 3 - 6, novembre 1964)上发表的,二是大学文献中心于1951年出版的(1962年重新出版)。本文是根据《旅程》(*Parcours*,1997)中收入的第二个版本翻译的。

　　梅洛-庞蒂在这一课程中试图处理的问题是儿童认知问题中更具体的领域,对他人的认识和知觉,以及儿童的认知功能与情感性的关系问题。他希望在成熟的人类理智活动之下、在"被认知对象与认知主体的关系层面之下",探讨儿童对经验进行组织的原初活动,尤其是,这种活动如何受到儿童与他人的关系,即情感性的影响。而此处这一部分只涉及儿童对他人的知觉问题。

梅洛-庞蒂认为,探讨儿童与他人的关系,首先要抛弃传统心理学的预设:"心理现象是被给予一个单独个体的东西",因为这一预设使得"我"和他人的心理现象成为不可交流的。这就意味着需要对"心理现象"概念进行革新,不再把它当作一个严格封闭于自身并对所有他者都不可穿透的意识状态,而是把它当作"与世界的关联";同时也意味着身体概念的革新,不再把它当作"一堆严格私有的感觉",而是把它当作内感觉和外感觉的不同方面在其中相互表达,甚至包含了与周围空间的关系的系统。这种概念革新揭示了他人关系在意识形成中的原初地位:儿童的发展存在着这样一个"前交流"的阶段,在个体主体性出现之前的匿名的集体性的无区分的多重生活。

通过分析零岁到6个月儿童的自我身体知觉和他人知觉,梅洛-庞蒂指出,自我身体知觉和他人知觉是一个整体的两个环节,两者形成了一个系统,然而这个系统并非静态的和均衡的,而是包含着不断的整合、失衡和重构活动、在时间中得到表达的系统。

借助一些心理学家对儿童镜像意识的研究,梅洛-庞蒂发现,6月龄到3岁之间的儿童在自我身体知觉方面有着可观的发展:由最初把镜像当作具有一定空间性的身体复本,发展为承认镜像只是单纯的表象,然而这种发展不能通过理智发展得到解释。他认为,镜像意识与对他人的意识密切相关,不仅涉及我们的认知关系,而且涉及我们与世界、与他人的存在关系;在儿童那里,镜像意识和对他人的意识的发展是从身体和镜像、自我和他人,乃至自我和处境的原初同一向分离的演变,这个过程产生了理智,因此与他人的关系是处于理智下面的底层结构,而且由于这种关系的偶然性和可变性,理智的形成也是一种时刻进行着还原和整合的活动。

3岁的儿童已经从自我和他人之间的无区分状态达至具有真正的自我意识,然而自我和他人的无区分状态并非彻底消失,而是在此后生命中,乃至成人的其它生命地带继续存在。这说明儿童的他人关系研究对于一般性的意识和认知研究也是具有普遍意义的。